好妈妈不娇不惯
培养好孩子

墨墨◎著

应急管理出版社

·北　京·

图书在版编目（CIP）数据

好妈妈不娇不惯培养好孩子/墨墨著. -- 北京：应急管理出版社，2019

ISBN 978-7-5020-7638-2

Ⅰ.①好… Ⅱ.①墨… Ⅲ.①家庭教育 Ⅳ.①G78

中国版本图书馆 CIP 数据核字（2019）第 149209 号

好妈妈不娇不惯培养好孩子

著　　者	墨　墨
责任编辑	孙　婷
封面设计	吕佳奇

出版发行	应急管理出版社（北京市朝阳区芍药居 35 号　100029）
电　　话	010-84657898（总编室）　010-84657880（读者服务部）
网　　址	www.cciph.com.cn
印　　刷	玉田县昊达印刷有限公司
经　　销	全国新华书店

开　　本	880mm×1230mm¹/₃₂　印张　6　字数　180 千字
版　　次	2019 年 8 月第 1 版　2019 年 8 月第 1 次印刷
社内编号	20192197　　　　　　定价　29.80 元

前 言
Preface

　　随着孩子日渐长大，变得越发帅气与漂亮，妈妈对孩子的疼爱与日剧增，在她的悉心照顾之下，孩子也变得越发娇气。随着生活水平的日益提高，看着眼前花儿般的孩子，当妈妈的似乎只能一门心思地把最好的都给他们。

　　于是，孩子成为家中的小太子、小公主，只要想要什么，撒撒娇、抹抹眼泪，做妈妈的立刻就心软了。明明知道雪糕吃多了会闹肚子，可是看着孩子可怜巴巴的小眼神，还是忍不住给他买了；明明已经超出了一个月的家庭预算，但看着孩子在商店里抱着玩具恳求的样子，就改变了主意，心想："即便后面吃糠咽菜也得先满足了他的愿望。"在妈妈的眼里，孩子就是一个可爱的小天使，理应受到最好的呵护。

　　可是反过来想想，这样真的有利于孩子的成长吗？要知道，这个世界是很现实的，妈妈不可能是他们永远的避风港，他们总有一天会走出妈妈为他们兴建的坚固堡垒，开始属于他们自己的人生旅程，如果他们对外界的一切没有任何防御能力，或是没有树立起良好的心态，搞不好人际关系，调整不好内心的情绪，那之后的每一步都必然会充满艰辛。虽然在家中妈妈可以对自己的孩子百般娇惯和疼爱，但走上社会后，孩子就会知道社会是个大环境，不会有谁去娇惯他，想要在其中活得更好，就必须靠自己不断地努力学会适应它，不断地调整自己对事物的认识和看法，并拥有一颗坚韧的心。

所以与其让疼爱的孩子到社会上受苦，不如从现在开始就悉心地引导教育他们，让他们拥有独立自主的性格，独当一面的能力。妈妈们都很疼爱自己的孩子，但为了孩子有个更好的将来，千万不要娇惯他们。妈妈们可以在他们成长的过程中，不断地修正他们身上的毛病，完善他们的性格，激发他们积极乐观的心态，教给他们调整不良情绪的方法，在学习、生活、才艺等各个方面，全方位地给予他们陪伴和支持，让他们从小就意识到，自己与妈妈之间是可以相互依恋的，但却不能永远依赖。

当孩子长大成人了，能够成为一位美丽优雅的姑娘或一位彬彬有礼的绅士，作为妈妈，将是一件多么有成就感的事情。所以，放下对孩子的那份娇惯吧！用理性的教育去引导孩子，告诉他坚强的孩子才会有未来，会有效管理自己的孩子才是最聪明的。

作者

目 录
Contents

第 **3** 章

不做娇惯的妈妈，
教孩子学会自我保护

第 **4** 章

远离娇惯，教孩子不做
依附妈妈的娇嫩花朵

第5章　尊重孩子，孩子才愿意做你的贴心人

第6章　帮助孩子完善自我，走向成功

第1章

感受并理解孩子成长的小世界

不娇惯的对立面并非斥责，而是鼓励

中国自古以来就有"望子成龙""望女成凤"的传统，妈妈们总是希望自己的孩子出类拔萃，成为人中龙凤。但是，这样真的好吗？

我们应该看到，"望子成龙""望女成凤"的背后，是一大群过分"焦虑"的妈妈。

孩子贪玩不吃饭，妈妈焦虑；孩子只吃零食不吃正餐，妈妈焦虑；孩子学习不认真，妈妈焦虑；孩子学习认真但成绩不好，妈妈焦虑；孩子学习成绩优秀但才艺不够，妈妈焦虑……

我们常常看到，有些妈妈因为太渴望孩子成才而做出过激的行为。比如，孩子的外在条件不错，就希望他各方面才艺俱佳，给他报大量的才艺辅导班，要求他舞蹈、乐器、绘画、书法样样精通。又比如，有些妈妈觉得读书是唯一的出路，于是给孩子制订严苛的学习计划，一旦考不到自己满意的分数，就会斥责打骂自己的孩子。

在我们身边有许多这样的妈妈，打着爱的旗号去做些伤害孩子内心的事情，还声称一切都是为了孩子好，等孩子长大就明白了。这到底是在尊重孩子的基础上为孩子的未来考虑，还是"绑架了"孩子，让他成为实现你心愿的工具？

这些所谓的"望子成龙"，只会让孩子在心理上走极端，变得极度不自信。在"望子成龙"式妈妈的强烈控制与持续摆布下，孩子不会把学习当作自己的事情，而是把学习当成苦差事，能躲就躲，能拖就拖，最终变得逃避成绩、欺骗家长。

而如果我们把心态放平，不再对孩子进行过高的要求，让他自由发展，又会怎么样呢？

卡耐基是美国现代成人教育大师，西方现代人际关系教育的奠基人，被称为20世纪最伟大的心灵导师和成功学大师。

在他63岁时，他的第二任妻子桃乐丝为他生下了一个可爱的女儿，取名唐娜·戴尔·卡耐基。

作为一个成功者唯一的女儿，按理说唐娜的人生应该被爸爸妈妈严格规划，培养她成为"人中之凤"。

然而事实上，戴尔·卡耐基并没有这样教育女儿，反而从小鼓励女儿自由发展，做自己想做的事情。他充满耐心地陪伴女儿玩乐，发展她的兴趣爱好，却从不对女儿提出过高的学业要求。

在戴尔·卡耐基的鼓励下，唐娜成了一个活泼开朗的孩子。她虽不如她的父亲那样优秀，却一生都十分幸福，是一位真正的快乐者。后来，她继承父亲的事业，成为美国卡耐基训练的董事长，用自己的性格感染着别人，给成千上万的人带去了积极、乐观、正面的人生影响，成为改变无数人命运的"快乐使者"。

要避免成为控制欲强的"望子成龙"式妈妈，首先，要拥有丰盈的自我价值，拥有努力奋斗的事业与充实的兴趣爱好，而不是"我的眼里只有孩子"，成天围着孩子打转。妈妈如果对自己的事业充满热情，孩子自然会受到感染和鼓舞，从而在自己的生活和学习中努力奋斗，这比妈妈逼迫他学习有效得多。

其次，妈妈应该积极鼓励自己的孩子，告诉他无论学习成绩如何，只要他健康、快乐，是一个善良乐观的人，妈妈就会很高兴。在这样的自由教育下，孩子反而会因为爱妈妈而更愿意发奋，让妈妈看到自己最好的一面。

卢梭的《爱弥儿》是教育界惊天动地的巨作。在这本书中，卢梭通过讲述主人公爱弥儿的人生历程，从而系统地阐述了他的"自然教育理论"。

统揽全书，他在书中无时无刻不在提醒世人，一定要将儿童的天性与教育紧密联系在一起，他认为教育必须以儿童天性的自然发展为开始。他的教育思想影响深远，为后来的教育事业以及教育家们提供了宝贵的经验。

所谓天性，就是一个人的先天属性，"天"指先天具有的，即通过遗传获得的各种生理表现，"性"指事物的状态、特点或性质等。天性是自然对儿童发展的规定性，也是儿童身上的自然属性。

只有发展孩子的自然天性，他的生命才能更舒展，它的潜能才会被充分激发出来。

被誉为"育儿之父"的斯波克医生说："孩子有一种内在的动力，这种力量促使他们不断地成长、发现、体验、学习，让他们学会如何跟别人相处。许多教育方法之所以成功，就是因为顺应了这种强大的驱动力。"

每一个儿童都是独立的生命体，有着与生俱来的需要、动机、兴趣、情感倾向、思维特质等身心潜能。在家庭教育中，妈妈首先要承认孩子生命本能中的"真"，不强迫他扭转天性做他不愿意做的事，而是顺应天性，让他的想象力、创造力、思维力、行动力按照他自己的方式舒张伸展，只有这样，才能最大限度地发展孩子的潜能。

了解孩子的三个叛逆期

婴儿从脱离母体的那一刻开始，已经成为一个独立的个体，即便他们还要依赖妈妈的照顾才能成长。随着不断的成长，孩子到 3 岁左右，自我意识就非常强烈了。

遗憾的是，很多妈妈并不了解孩子的心理发育特点，因而无法理解孩子的心理，更不懂孩子的各种表现。可以这样说，妈妈是这个世界上最伟大而艰巨的职业，因为她需要了解方方面面的知识，才能最大限度地打开自己的思路，理解孩子成长过程中的各种现象和改变。

当妈妈对小璐的印象还停留在自己怀抱中的那个温柔香软的小婴儿时，小璐已经长大了。3 岁的她开始挣脱妈妈的怀抱，抵触妈妈牵着她的手，喜欢一个人自由自在地跑来跑去。妈妈不再需要整日抱着她，轻松了许多，心中反而有小小的失落。

一天，妈妈带着小璐去小区的公园里玩。当时，正好有个两岁多的小孩子也在玩，妈妈告诉小璐："这是小妹妹，你是小姐姐，你和小妹妹一起玩吧。"

小璐听到妈妈的话，突然大发脾气，怒喊道："我不是小姐姐，我是周小璐，不是小姐姐！"

听到小璐的话，妈妈有些不好意思地对小妹妹的奶奶笑笑，又对小璐解释："你是周小璐，但是你比那个小妹妹大，所以你也是小姐姐。"

小璐更生气了，再三强调："我是周小璐，周小璐！"

无奈，妈妈只好承认："是的是的，你是周小璐。"

听到妈妈这么说，小璐才稍微平静一些。在接下来的一段时间里，妈妈有好几次听到小璐说"我是周小璐"，不由得觉得很有趣。3岁的小璐，只愿意当周小璐，不愿意当其他任何人。

3岁的周小璐已经萌发了自我意识，而且对自己的身份有了准确清晰的定位。正因如此，她才不愿意成为任何人，哪怕是小姐姐。

在这个时期，妈妈应该更加尊重眼前的孩子，承认他已经成为独立的个体。唯有如此，才能满足孩子自我意识觉醒的需要，更好地帮助他成长。

孩子每天都在成长和变化，他们不但身体越来越强壮，心理也在飞速发展。如今二胎政策已放开，很多家庭都选择再要一个孩子。细心的妈妈也许会发现，三四岁的孩子最不愿意再要弟弟或者妹妹，即使勉强答应妈妈再要一个孩子，也会选择和自己性别不同的。其实，这也是孩子自我意识觉醒的表现。相应地，妈妈在教育孩子时，也要意识到这个问题的存在。

经过自我意识觉醒和发展的时期，孩子会进入第二个叛逆期。这一时期的孩子满脑子想的都是"我已经长大了"，他们对于自己在家庭生活中的地位有了要求，希望自己作为一个大人参与家庭事务，而不愿意妈妈再把自己当成小孩子，不愿意大人什么事情都瞒着自己，或者大人认为自己不能发表任何意见。

了解了这一点，在教育孩子时，为了满足孩子在此期间的心理需求，妈妈应该把孩子当成平等的家庭成员对待。大多数妈妈每当有重要事情的时候，总是认为无须告诉孩子，只要家长商量决定即可。实际上，孩子往往比妈妈想象中更强大、更有想法。很多事情妈妈如果能够及时告知孩子，甚至听取孩子的意见，孩子作为家庭小主人的意识会极大增强，责任心也会得到发展，在这样的家庭氛围中长大的孩子才会更有担当。

除了要求参与家庭事务，孩子也会强烈地想要得到妈妈的尊重和认可。可是很多妈妈觉得孩子年纪还小，常常不能平等地对待他们。如果孩子犯了错，妈妈会高高在上地揪着孩子的错误，要求孩子主动认错，改正错误。但是如果妈妈自己犯了错，却完全是另一个标准，觉得自己根本没有必要向孩子道歉。这就是"宽以待己，严以待人"的双重标准。同在一个屋檐下生活，却受到妈妈不公正的对待，可想而知孩子心里会多么不平衡。长此以往，孩子必然会变得愤愤不平，也会对妈妈更加排斥和抗拒。这不利于亲子关系发展，更不利于家庭的和谐有序。

明智的妈妈会平等对待自己的孩子，尤其是已经"长大"的孩子。妈妈犯了错误，并不会因为顾及自己的尊严而拒绝向孩子承认错误。其实，倘若妈妈能够主动向孩子认错，以身作则，给孩子做好表率，那么孩子就能受到好的影响，在自己犯错时也会主动认错，积极承担责任。

总而言之，良好的家庭氛围需要家庭成员的共同努力。当孩子渐渐长大，妈妈就不能再搞"一言堂"，不能凡事都由自己决定。要想培养具有独立人格的孩子，让孩子尊重和认可妈妈，妈妈就要"从我做起"，从点滴小事做起。

　　具体来讲，妈妈在对待处于第二叛逆期的孩子时，更要给予充分的尊重。这个时期孩子的自尊心非常脆弱，心理需求也很强烈，因此妈妈要谨言慎行，为正处于敏感和脆弱时期的孩子创造良好的成长氛围，让孩子愉悦地成长。

　　紧接着，孩子到了第三个叛逆期——青春期。也许妈妈曾经以为婴儿是最难照顾的，幼儿是最不听指挥的，但是当孩子到了青春期时，她们才发现青春期的孩子才是最让妈妈抓狂和无奈的。很多妈妈把孩子的青春期形容为"可怕的青春期"，因为此时的孩子已经成为"半个大人"了，拥有充分的自我意识和独立自主的想法，总是与妈妈的想法背道而驰，让妈妈觉得无所适从、手足无措。

　　铮铮13岁了，正在读初一。他的学习成绩在班级处于中等水平，始终不上不下，让他的妈妈很是着急。最糟糕的是，铮铮还喜欢上了网络游戏。最近他整天想的就是打游戏，完全把学习抛诸脑后。再加上铮铮自从进入青春期以来，对妈妈的唠叨和说教产生了严重的逆反心理。眼看原本就只能考上普通高中的铮铮学习成绩越来越差，妈妈十分焦虑，但始终找不到合适的办法帮他戒除网瘾。

在咨询了教育专家后，妈妈终于想出了一个好办法。她瞒着铮铮，利用业余时间也学会了打游戏，还勤学苦练，提高自己的游戏等级。后来，妈妈更是以普通网友的身份，和铮铮一起在网络上玩游戏。

就这样，妈妈居然和铮铮成了好朋友，玩得不亦乐乎。当然，妈妈为自己虚拟了一份简历，她告诉铮铮自己之所以游戏水平这么高，是因为自己大学时期学的就是游戏编程，还鼓励铮铮一定要认真学习，争取考上好大学。因为只要方法得当，哪怕玩游戏也是能够玩出名堂来的。

听了此话，铮铮突然学习动力大增，原来他的梦想就是成为一名游戏设计工程师。此外，妈妈还以网友的身份和铮铮约定，每个周末陪他玩半天的游戏。铮铮高兴极了，当即去找妈妈商量学习计划。原本妈妈是不同意铮铮用宝贵的半天时间玩游戏的，但是听到铮铮保证平日里一定好好学习，最终还是答应了。妈妈在心中暗自窃喜，因为她终于成功地引导儿子，使儿子的学习慢慢走向正轨。

现代社会，一些青少年沉迷于网络游戏而无法自拔，有些妈妈对孩子无计可施，只好把孩子送到戒除网瘾的特殊机构。但是，孩子的成长问题并非是花钱就能解决的，如果连妈妈都对孩子失去信心，那些不相干的陌生人又如何能把孩子教育好呢？

针对这种现象，妈妈唯有对孩子付出爱与尊重，才能让孩子迷途知返，所以妈妈即使再无奈，也不应该把正处于叛逆期的青少年交给陌生人或者没有保障的特殊机构去管束。

案例中的妈妈非常聪明，如果强制要求铮铮不要玩游戏，也许会起到相反的效果。她自己去请教教育专家，从而更加了解铮铮的心理，然后以陌生且平等的网友身份面对铮铮，顺利打开铮铮的心扉，也对铮铮起到正面引导的作用。其实，孩子的青春期并没有那么可怕，只要妈妈有足够的耐心与爱心，就能成功引导孩子顺利度过叛逆期，帮助孩子拥有美好的青春期。

有相当一部分人认为孩子进入叛逆期是其主动意识所导致的，总觉得他就是在故意捣乱。实则不然，孩子并不是主动故意地想要叛逆，这只是他们成长道路上的一个阶段，绝大多数孩子都不能避开这样的阶段。

所以，说到底，孩子只不过是在自然成长罢了，他们并没有故意想要让谁不高兴，并不是故意用叛逆来让家长们生气。当你站在孩子的角度去思考他们对成长的渴望时，你也许就会释怀许多。

用互动式谈心走进孩子的世界

作为孩子的妈妈，总是很想走进孩子的内心世界，了解他们的想法，明白他们的需求，洞悉他们的行为。但是，有时候妈妈越想靠近孩子，孩子却离他们越远，这让很多妈妈感到困惑和焦虑。

这时候，我们需要及时反思，想想我们跟孩子说话的方式正确吗？我们跟孩子的交流方式是命令式的还是互动谈心式的？

英国教育家斯宾塞说过："家长一般很少向孩子透露自己的内心世界，只习惯于做道貌岸然的训导者，反过来却要求孩子向自己暴露一切，这种不平等的要求，当然不可能取得好的效果。"

正如斯宾塞所说，我们常见的是命令式的妈妈，一边对孩子说"我们来谈谈心"，一边板着脸不断地对孩子说"你必须……"这种谈心，只是单向的命令，并非真正的谈心。

我们提倡"互动式谈心"，指的是妈妈要"多听少说"，在认真倾听孩子心声的基础上与他畅谈，从而让"谈心"真正达到"交谈心声"的目的。

要想与孩子进行互动式谈心，我们首先要学会倾听。

卡耐基曾提出过一种沟通方式叫作"心谈"。而"心谈"的关键就在于只问问题，不讲道理、不分析，做到完全地倾听、专注地倾听，这是因为倾听是交流的前提。

当孩子倾诉心声时，妈妈一定要与他保持平视的姿势，避免让孩子觉得妈妈高高在上，这是一种最基本的尊重。当孩子开始诉说时，妈妈不要抱着胳膊，做出拒人于千里之外的姿势；尤其不要边看杂志、边做家务边听，这些都会让孩子觉得妈妈根本不想听他说话。当孩子倾诉时，妈妈最好专注地看着他，用目光让他感受到妈妈的认真和对他的重视，这样他才会有倾诉的欲望。

其次，我们要做到语调温柔。

在这方面，女孩往往远比男孩敏感，尤其是在对他人语气的辨别上。即使年纪很小的女孩，也能很快地分辨出妈妈说话语气中所要传达的真正意思和态度。如果她觉得妈妈的语气代表的是不耐烦、发怒，她就会感到彷徨无措。

再次，在互动式谈心中，妈妈要少使用"你必须""你不可以"等词语。

大多数妈妈对教育的理解就是告诉孩子哪些事情是可以做的，哪些事情是不可以做的，因此会抓住一切机会向孩子灌输道理。这个出发点当然没错，但是在灌输的过程中，我们往往用自己的意见埋没了孩子的想法，导致孩子听不进劝，亲子关系紧张。

如果妈妈觉得与孩子交流的时间太少，或是一聊天就控制不住自己的情绪，还可以试试用书信交流。韩国就曾经发起过类似的书信交流活动。

在韩国，有很多爸爸因为工作关系而天天晚归，每次回家时，孩子都已经入睡，爸爸难以经常和孩子说话。于是，爸爸就会在一张纸上写下自己想对孩子说的话，并将其放在孩子的书桌上。如果孩子年纪尚小没有阅读能力，则由妈妈来帮助孩子去了解爸爸的心声。

在阅读爸爸书信的同时，孩子们也需要独立或者在妈妈的帮助下给爸爸回信。第二天，收到信的爸爸再根据孩子所写内容予以回复。

最初，孩子往往只会在信上写"爸爸早点回家"和"谢谢爸爸挂念"之类的短句，随着时间的推移，孩子的字条渐渐变得越来越长，内容也越来越丰富。

不能经常见面的爸爸与孩子因为书信沟通，不但增进了彼此间的感情，还提高了孩子的写作水平。

总而言之，亲子关系的和谐源于心灵的交谈，只有深入地了解孩子，才能更好地帮助他们成长。

你有没有想过，你有多久没有对你的孩子微笑了？又有多久没有拥抱、亲吻、抚摸你的孩子了？

医学教授赵瑞琳说："在一块硬币大小的皮肤上，有 25 米长的神经纤维和 1000 多个神经末梢，这为人类通过触觉传达信息奠定了生物学基础。而皮肤触觉需要在幼年时每天进行皮肤间的接触才可以更好地发育。"

在心理学上有一个专业名词——皮肤饥饿症。它是指在幼儿时期极少被妈妈拥抱、抚摸及其他亲密接触的孩子，在长大之后，就会形成一种潜在的对被爱、被关心、被抚慰的渴望。当这种渴望变得过于强烈时，就会演化成一种病态的情感需求。

外在表现为冷漠、乏味、无法正常与人交往。内心深处也会极度不自信，害怕被拒绝，从而避免与人建立亲密的感情。

极度渴望被爱，却没有能力建立与维持现实生活中一段长久的爱，只要他们得到了别人的感情，在短时间内就会觉得枯燥，从而将其抛弃，再开始追寻下一个爱的对象。

人们之间的交流沟通主要通过三种途径来实现，分别是声音、口头语言和肢体语言。

美国加州大学洛杉矶分校的阿尔伯特·梅拉宾教授通过研究证明：人与人之间55%的沟通是通过肢体动作进行的，38%是用声音完成的，而单纯的语言表达仅仅占了7%。

肢体语言在我们的生活中极为常见，比如，握拳表示自信，低头表示沮丧，摊手表示无奈，顿足表示痛苦，等等。

在妈妈与孩子的相处过程中，如果妈妈经常使用一些积极的肢体语言，就会让孩子在成长的过程中变得更加乐观、积极。相反，如果妈妈总是使用一些消极的肢体语言来表达感情，比如摊手、低头、愁眉苦脸，这样教育出来的孩子大多会很自卑、闷闷不乐、容易受伤。

美国著名心理学家赫洛德·傅斯博士曾做过关于拥抱的实践研究。他指出："拥抱可以消除沮丧——能使体内免疫系统的效能上升；拥抱能为倦怠的躯体注入新生命，使你变得更年轻、更有活力。在家庭中，每天的拥抱将能加强亲子关系及减少摩擦。"

研究发现，拥抱可以让人变得更年轻、更有活力，可以让人与人之间的关系更亲密。经常与爸爸妈妈拥抱的孩子，他们的心理素质明显高于与爸爸妈妈关系不良的孩子。

当妈妈张开双臂拥抱自己的孩子时，他在妈妈的臂弯里感受到的不仅仅是妈妈的体温，还有妈妈带着温度的爱，这会给他带来极大的安全感，让他认为自己无论做什么，都有妈妈作为坚强的后盾。这样的孩子胆子更大，遇到挫折时也不会感到孤独，反而变得更坚强。

拥抱之外，也别忘了亲吻和抚摸。每天晚上给孩子一个晚安吻，他自然能感受到从妈妈心底流露出的爱意。当孩子从中感受到深厚的爱，就会为他日后的身心健康发展奠定良好的基础。亲吻可以消除孩子心中的不安情绪，帮助他形成稳定的性格，让他对自己所拥有的爱感到满足，对他日后的情绪平衡能力、自信心以及关爱别人的能力都会起到积极作用。

妈妈通过抚摸孩子的手、脚、身体、头等部位，同样能向孩子无声地传达爱和温暖。比如，女儿放学回来，妈妈可以拍拍她的脸蛋，表示对她的无限爱意；帮女儿梳头、扎辫子的时候，可以自然地抚摸她的头；孩子遇到困难时，妈妈可以握住他的手，告诉他妈妈相信他能战胜困难……

一个温暖的眼神，一个鼓励的微笑，一个轻柔的亲吻，一个有力的拥抱……这些肢体语言都能帮助妈妈消除与孩子间的间隙，增进亲子关系，起到事半功倍的效果。

你，还在等什么呢?

向孩子敞开心扉，做孩子的好妈妈

这个世界上有各种各样的感情，而最单纯的陪伴相处和最美好的情感成长，就是妈妈对孩子无条件的爱。

遗憾的是，妈妈与子女之间的关系并非永远是和谐友好的，妈妈与子女之间的相处也并非永远都是亲密无间的。很多妈妈在爱孩子的时候并不会采取正面管教的方式，而是对孩子充满苛求和指责。也许在孩子小的时候妈妈还能欣赏和认可孩子，但是随着孩子渐渐长大，妈妈对他们的要求就会越来越高、越来越严苛，虽然偶尔内心也承认孩子的优秀，但是很少主动开口表达对孩子浓浓的爱意。

妈妈望子成龙、望女成凤的心当然是可以理解和体谅的。然而最可怜的是孩子，他们不仅要面对巨大的学习压力，还要经受妈妈的严厉管教。有些孩子因为无法忍受妈妈施加的巨大压力而选择离家出走，还有的孩子由于一时冲动而选择了轻生。不得不说，这是因为妈妈只顾着给孩子施加压力，却没有及时通过语言和行动向孩子表达自己的爱。

尤其对于孩子而言，他们感情细腻、心思敏感，对妈妈又有着更深的依赖。因此，在教养孩子的过程中，妈妈更要付出足够的爱与耐心，让他们在幸福快乐中成长。妈妈千万不要把爱深藏在心底。要记住，孩子与成人不同，他们需要的不是深藏的爱，而是妈妈简单直接的爱。

佳佳是一名留守儿童，正在读初中。在佳佳很小的时候，妈妈就外出打工了，每年只有春节才回来和佳佳团聚几天。小的时候佳佳还不懂事，只要有吃有喝，跟着爷爷奶奶一起生活就觉得很满足。但是随着年龄的增长，她开始变得孤僻自闭。很多事情她和奶奶说了，奶奶并不能理解她。她想和妈妈说，但妈妈又离得很远。佳佳只能把一切心事都埋在心里。

有一次，佳佳在学校和同学发生了激烈的争吵，感性的闸门忽然之间就打开了。她打电话给妈妈，质问妈妈为何从来不管她。

听说佳佳这样的状况，身在外地的妈妈非常担心，马上联系了老师。老师告诉妈妈："佳佳平日里就很孤僻，不喜欢和同学们一起玩，这次不知道为何和同学吵得这么厉害，她什么都不愿意说。建议你们还是经常回来看看佳佳，多关心一下她。"

妈妈通过电话和佳佳进行了长谈，并告诉佳佳："我和爸爸之所以在外面拼命打工，是为了给你更好的生活。"

佳佳却说出了让妈妈震惊的话："我不觉得你们是为了我。你们要是真的为了我，你们就回家陪着我。钱是永远挣不完的，没有你们的陪伴，给我攒再多的钱有什么用？"

佳佳的话使妈妈陷入沉思。的确，她这个妈妈太不称职了，对孩子除了经济上的给予之外，关爱和爱意的表达少之又少，才使佳佳变得更加沉默寡言。

现代社会有很多儿童是在缺乏爸爸妈妈关爱的成长过程中逐渐变得冷漠自闭的。很多爸爸妈妈自以为外出打工是为了给孩子提供更好的物质条件，殊不知，孩子的成长不仅需要物质条件，更需要爸爸妈妈用语言和行动表现出来的爱。爱，看似只有简简单单一个字，实际上却无比沉重。作为妈妈，要想更好地养育孩子，就要学会表达爱，而不是把爱深埋在心底。

说到这里，很多妈妈可能会说，我们中国妈妈对孩子的爱都是深沉的，不善于表达出来，相信孩子能感知到我们深沉的爱。事实并非如此，我们知道，和男孩相比，女孩天性就倾向于关系式的生活方式。也就是说，女孩更需要妈妈的爱，更希望能经常感受到妈妈的爱。通常男孩靠行动来表达自己，但女孩不同，她们靠语言来表达自己，通过与妈妈的交流和沟通来获取妈妈对她的爱，同时获得她们需要的关心、理解、尊重、体贴和安慰。

孩子的成长过程仅有一次，是无法重来的。每一个孩子在成长的过程中都不光有吃喝拉撒、衣食住行的需求，更有精神和情感上的需求。妈妈如果不能给予孩子爱，孩子的心就会变成荒漠，最终野草<u>丛生</u>，再也看不到鲜花遍野。

跟孩子讲讲你小时候的事情

孩子有时候会忧伤，会因为害怕做不好一件事情而胆怯，所以在生活中他们会有很多不同的行为反应。他们可能会在上舞台前紧张地发抖，可能在面对艰巨任务时对自己没信心，可能会拿着巧克力对着镜子失落，可能看到陌生人就会躲到爸爸妈妈的后面。总之，世界在他们眼中既美妙又陌生，他们有很多的困惑，很多的情况不知道怎么办。假如解不开这个结，心里就始终被什么东西堵着。

面对孩子这样的问题，妈妈首先不要一味地娇惯安慰，因为这并不能解决什么问题，相反我们应该让孩子从心态上彻底放松下来，让他明白，每个人成长的路上都会遇到问题、错误和困惑，如果不经历一些事情，就永远只是个孩子，永远都得不到成长。

这个时候，为了让孩子从心里明白这些都是人生成长中经常要遇到的事，不妨放下妈妈这个高大的身份，俯身来和孩子讲讲自己小时候的糗事，让孩子放松身心，知道很多事情并没有自己想象得那么严重，这个世界上没有完美的人，就连妈妈也不是完美的，她小时候也同样会犯错，同样会困惑，有时候可能比自己还要傻。这样孩子内心的纠结就会一点点地平息，对待未来的观念和情绪也会舒展开来。

豆豆是一个性格内向的小姑娘，总是对自己没信心。有一次，老师觉得豆豆文笔很好，就推荐她参加学校的演讲比赛。

这个消息一出，豆豆脑袋一下子就炸了起来，她心想："我？演讲比赛？我怎么行啊？"于是终日因为这件事而烦恼，生怕自己会在演讲比赛中出丑。

看着豆豆不开心的样子，妈妈便问："豆豆，最近怎么一直闷闷不乐的？"

豆豆挂着眼泪说："老师让我参加学校的演讲比赛，可我一点儿信心都没有。就我现在这样，上去一定是被人笑话的小丑。"

听了豆豆的话，妈妈笑着说："没事的，我们豆豆一定会发挥得特别好，妈妈在你这样大的时候还不如你呢。"

"不可能，现在你是你们单位的领导，经常上台讲话，怎么小时候会不如我？"

"妈妈给你讲啊，妈妈像你这么大的时候可羞涩了，特别不爱说话，结果老师为了锻炼我，非让我在学校联欢会上报幕，结果出了丑。在台上，眼看着该报下一个节目了，我却站在那里半天，紧张地忘了下一个节目的名字，结果憋得实在没办法，举着话筒说：'下一个节目我忘了，等一会儿，我下去问问。'然后就下台了，底下的观众那叫一个笑啊，当时妈妈感觉可没面子了。"

"哈哈哈，想不到妈妈小时候还有这样的糗事呢！"

"是啊，从那以后我就发誓，再也不能出这样的丑了。我经常一个人到家附近的大河边练习演讲，积极寻找各种上台锻炼的机会，结果怎么样呢？不害怕了，越讲心里越踏实。当时我就告诉自己，就当底下没人存在，无论好坏，都要把想说的话说完。就这么简单，我现在的演讲水平就是这么练出来的。"

听了妈妈的话，豆豆心里踏实了很多，她每天早晨也开始练习演讲，最终在演讲比赛上发挥得很好，自此以后，性格也开朗了不少。

看完上面这个例子，不知道作为妈妈的你是不是也跟着找到了感觉？回想自己小时候，原来曾经的自己竟然有那么多傻乎乎的想法，竟然有那么多离奇的糗事。而回想这一件件儿时的趣事时，我们会自觉不自觉地想到家中的孩子，是啊，他必然会犯一些与我们曾经一样的傻，经历我们曾经所经历的一些相似的经历，动我们曾经动过的那些小心思。

当他们彷徨、不知所措的时候，最需要的是来自妈妈的鼓励，妈妈完全可以用一些自己儿时的糗事做例子，告诉他们当下他们所担心的事并没有什么，往往会瞬间拉近孩子与妈妈的距离。是啊，有时可能妈妈小时候的一件事情，一个打趣儿般的回忆，往往就可以让孩子们的身心彻底地轻松下来。

你的孩子只是想获得认同

　　有的妈妈也许会感到很困惑，他们完全不知道如何与青春期的孩子相处。实际上，青春期是孩子生理和心理都快速发育的时期，很多孩子变得像小刺猬一样浑身长满了"刺"，难以接近，有的时候甚至会有意或无意地与妈妈对着干。

　　那么，当你家有孩子时，该如何与青春期的孩子和谐融洽相处呢？不妨想想刺猬的相处法则。在寒冷的天气里，刺猬们在一起依偎着取暖，时而因为距离太近而刺伤对方，时而又因为相隔太远而无法抵御寒冷，最终刺猬找到最佳的距离，使彼此既能相互依偎着取暖，又不至于被彼此刺伤。因此，对于青春期的孩子，妈妈也要本着刺猬相互依偎取暖的原则，与孩子保持适度的距离，既不可太亲近，也不可过于疏远。

　　值得提醒的是，距离拉开容易，拉近却很难。妈妈要想避免和孩子之间的距离越来越远，最重要的就是要尊重和认同孩子。要知道青春期孩子的特点之一就是叛逆，不喜欢被妈妈安排，妈妈让他往东，他就偏偏往西。所以，妈妈要想和青春期孩子和谐相处，最重要的就是不要试图命令和指挥孩子，而是要把孩子当成平等的个体对待，给予孩子真心的尊重和友善的帮助，才能最终得到孩子的信赖。

进入初中之后，小明喜欢上了看小说。虽然课业任务越来越重，但是他每到周末休息的时候，总是熬夜看小说。

妈妈觉得小说是闲书，读小说会影响小明的学习，但是小明实在太爱看了，为此爸爸建议妈妈不要强制要求小明不看小说，而是要先认同小明爱读书的好习惯，然后再与小明商量安排好读课外书与学习的相关事宜。妈妈认为爸爸说得很有道理，于是决定改变教育方式。

一个周五的晚上，妈妈主持召开了家庭会议，针对小明的学习安排进行了讨论。会议上，妈妈首先公开赞许了小明对文学的热爱，还说书籍是人类进步的阶梯，爱读书是孩子最好的学习习惯。妈妈看到小明笑得合不拢嘴，还连连点头。

接着妈妈话锋一转，又说："但是妈妈还是建议你要合理安排好作息时间，在不影响学习的情况下，允许你抽出更多的时间在书籍的海洋里畅游。小明，你觉得呢？"

因为妈妈已经先认可了自己，所以对于合理安排时间这件事，小明并没有理由反对妈妈。因此，他对妈妈说："妈妈，我同意你的建议，放心吧，我会安排好学习时间的。"

这时，爸爸也趁机对小明说："不如咱们三个集思广益，想出一个两全其美的办法，当然还是要以你的意见为主，我和妈妈只是提一些建议，你觉得怎么样？"

小明同意了。爸爸妈妈马上拿出纸笔，和小明一起制订学习和阅读计划。最终，三人协商一致，约定每个周五晚上和完成所有作业之后的周日下午，小明可以随意阅读自己喜欢的书。

这样一来，原本写作业磨磨蹭蹭的小明为了挤出更多的时间看书，反而把作业完成得又快又好，爸爸妈妈高兴极了。

对于孩子来说，最主要的任务就是学习。意识到这一点的很多妈妈，都恨不得让孩子把所有时间都用于学习，但是孩子除了学习之外，还有其他兴趣爱好，因此，妈妈要想让孩子身心均衡地健康发展，就必须平衡好两者之间的关系。

很多妈妈严格把控孩子的人生，恨不得让孩子时时刻刻都听自己的，殊不知这是十分不明智且不负责任的做法。因为孩子不是妈妈的附属品，而是一个独立的存在，是有自己的思想、意识和选择的个体。甚至有的时候，孩子还会成为成人的指引者。

成人在成长的过程中，往往会丢失了自己最纯真的内心。

正是有了儿童的指引，成人才渐渐找回曾经属于自己的纯真世界。从这个角度而言，妈妈应该把孩子当成自己的朋友，不但要平等真诚地对待孩子，有的时候还要多向孩子学习，才能不忘纯真。

对于青春期的泉泉而言，她现在最苦恼的事情就是无论如何也无法得到妈妈的信任。

原来，有一天妈妈偶尔路过泉泉的学校，想要接泉泉放学。在门口等待的过程中，妈妈看到泉泉和一个高高的男孩一起走出校园，一路上窃窃私语，有说有笑。妈妈当即认定泉泉肯定是早恋了，回家之后，立刻将泉泉叫过来，对她展开"审问"。

泉泉对于妈妈的质疑和指责很坦然，她毫不犹豫地告诉妈妈："妈妈，我和洋洋就是普通的好朋友，我们不是你想的那样。洋洋数学成绩很好，他还经常给我讲题呢！"

妈妈对于泉泉的解释半信半疑，继续问泉泉："普通同学？我看你们在一起很开心啊！"

泉泉说道："妈妈，洋洋很幽默，爱说笑话，我当然笑得前仰后合了。"然而，无论泉泉怎么解释，妈妈就是不愿意相信她的话。

很快，泉泉对于妈妈的不信任感到厌倦了，再也不想解释了。有一次，在和妈妈大吵一架之后，她感到被妈妈冤枉的滋味很难受，于是伤心地哭了半天。

显然，面对妈妈的质疑，泉泉产生了严重的逆反心理。她不愿意继续做徒劳的解释，而是开始变得叛逆和抵触。

当然，泉泉这么做并不妥当，因为不但妈妈会更加气愤，也会影响自己的学习和生活。

把孩子当成自己的小伙伴，对于妈妈而言并非一件轻易就能做到的事。很多妈妈自以为是，把自己当成孩子人生的主宰和命运的舵手，她们甚至想掌控孩子的人生。倘若我们对于孩子的干涉过多，孩子必然会心生抱怨和戒备，甚至完全排斥妈妈指导他们的生活。这样一来，孩子的心门就关闭了，孩子与妈妈之间沟通的桥梁自然也就不复存在。

为此，在教育孩子的过程中，妈妈更应该把孩子当成朋友，平等对待孩子，让自己成为孩子的知心好友，才能得到孩子的信任和倾心相待。

处于青春叛逆期的孩子，尤其是女孩更害怕被妈妈否定，也不愿意接受妈妈的强制命令，因而妈妈在引导孩子之前，必须先肯定和认同孩子，让孩子掌握主动权，自己则扮演从旁协助的角色。这样，孩子不但愿意接受妈妈的意见和建议，还能够积极主动地去执行。

第2章

非暴力沟通，
批评孩子有技巧

"比较"和批评不如引导教育

有人说：中国式妈妈的最大特点就是爱拿自家孩子与别人家孩子比较。

确实，我们几乎都曾有过被妈妈告知"别人家的孩子"如何优秀的经历。在孩子成长的过程中，妈妈总是强调"别人家的孩子"以唤起自家孩子的竞争心与危机感。却不知，这种做法弊大于利。

很多妈妈对孩子的教育也正是如此，总是无视孩子的个性差异，要求孩子必须"十全十美"，和"别人家的孩子"一样。

多元智能理论告诉我们，由于遗传、环境等因素的不同，每个孩子的天赋都是不一样的，他们的兴趣点、吸收能力、爱好特长也各有不同。

"别人家的孩子"这个泛化的优点集合体，容易让孩子迷失方向，根本不知道妈妈对自己的具体要求是什么。另外，若孩子总是被妈妈认为不如别人，他的自信心和自尊心就会受到严重伤害，变得胆小、畏缩、叛逆，或者是对优秀者产生忌妒、愤恨等不良心理。

美国流行音乐、乡村音乐创作型女歌手、音乐制作人泰勒·斯威夫特，1989年出生于美国宾夕法尼亚州，10岁时，她展现出对创作歌曲的强烈兴趣，并开始写歌。面对她的这一爱好，妈妈没有批评她"耽误学习"，反而对她的作品予以了积极、肯定的评价。

2001年，12岁的泰勒在看了乡村歌手菲丝·希尔的视频后，请求母亲带自己去田纳西州乡村民谣之乡纳什维尔追寻自己的音乐梦想。

这样的要求，恐怕大多数妈妈都会斥责为"异想天开""不务正业"，可泰勒的妈妈却认为孩子有兴趣、有天赋是一件好事，妈妈应尊重孩子的选择。于是，泰勒的家人带她离开了家乡，搬往田纳西州的亨德森维尔。

在田纳西州，泰勒的音乐激情被点燃，创作天赋被激发，写出了一系列脍炙人口的歌曲，并接连拿下多项音乐大奖，成为美国历史上唯一一位拥有三张首周百万销量专辑的歌手，以及格莱美历史上第一位两次获格莱美年度专辑奖项的女歌手，并在 2016 年"福布斯全球百大名人榜"中位居榜首。

好的教育是唤醒、影响和熏陶，而不是控制、灌输和塑造。

心理学研究证明，每个孩子都有特殊的天赋。这种天赋，是上天赐予每个孩子独有的"天赋"。换句话说，孩子不仅有自己的"操作系统"，还能创造和衍生出自己的"应用程序"。若妈妈给予孩子全然的接纳和支持，尊重孩子的天赋秉性、个性特质，孩子头脑中与该项天赋有关的神经元就会格外活跃，孩子会表现得格外专注、好学，也就容易变成某一领域的"天才"。

孩子因为缺乏人生经验，还没有形成完整而稳固的人生观、价值观和世界观，所以在成长的过程中难免会做出很多不当行为。很多妈妈一旦看到孩子犯错，或者做出不合时宜的行为，马上就会变得神经紧张，恨不得马上帮孩子纠正，还有些脾气急躁的妈妈会因此而暴怒。殊不知，这样的做法对于帮助孩子矫正不当行为毫无益处。正确的做法是控制自己的怒气，心平气和地帮助孩子纠正不当行为。

孩子都是有逆反心理的，有的时候我们越是强制孩子不能做某件事情，孩子反而越会产生强烈的冲动要去做。这就是强制孩子行为的恶果。但是如果我们能够使用引导或转移的方式，那么就能避免引发孩子的逆反心理，潜移默化地帮助孩子纠正行为，从而达到预期的效果。

最近，丝丝的表现和之前不太一样了。小学时期，丝丝从来不会要求妈妈给她买漂亮的衣服，有的时候还穿中性的衣服，打扮得像个男孩一样。但是进入初中没多久，她就开始想买漂亮的衣服，不但让妈妈给她买裙子，还要穿丝袜呢！

有段时间，丝丝看到路上有女孩穿高跟鞋，自己也要穿高跟鞋，这让妈妈很苦恼，毕竟丝丝是个学生，穿得太过成熟也不合适。但是想到现在孩子心理发育都很早，尤其是女孩更加早熟，所以妈妈并没有批评丝丝，而是决定帮助她转移注意力，让她把更多的时间和精力都用在学习上。

周末，妈妈带着丝丝去了书店。在书店里，妈妈为她推荐了几本世界名著。丝丝不知道妈妈的用意，问道："妈妈，我的作业很多，很少有时间看这些名著啊！"

妈妈笑了，说："丝丝，这些都是世界经典名著，是最好的精神养料，能够滋养人们的心灵。现在你才读初中，学习压力还没有那么大，所以应该多花些时间阅读名著。妈妈像你这么大的时候，每天都捧着书本如饥似渴地看。要知道，这些书比那些漂亮的衣服和鞋帽更能够让你的心灵变得充实、美丽。"

丝丝很敏感，听到妈妈这么说，意识到自己这段时间过于喜欢打扮，而忽略了学习，所以她对妈妈说："妈妈，我明白您的意思了，放心吧，我会认真学习的。"

妈妈很聪明，面对丝丝过于追求打扮的行为，她隐晦地告诉丝丝要用书籍充实自己的心灵，让自己的心灵变得更加美丽。这样一来，当丝丝把精力放在学习上，内心变得充实了，自然就会减少对外表的追求了。

相反，如果妈妈直白地命令丝丝不要关注外表，而要关注学习，那么丝丝出于叛逆心理，就会更加过分地追求漂亮的服饰，而完全忘记自己学习这个主业。

由此可见，妈妈采取引导和转移的方式，更能够帮助孩子及时改正不当行为，把注意力集中到恰当的行为上。此外，这样的和平演变也避免了伤害孩子脆弱的心灵和亲密的亲子关系，可谓最佳选择。

责备也需要技巧

　　假如孩子犯了错，作为妈妈的你最愿意采取什么样的方式解决问题？假如可以用简单友好的方式代替长篇大论的抱怨和批评，你是不是愿意欣然地去尝试？假如孩子要求你用他能接受的批评方式对他进行教育，那你会不会应允同意，并坚守这项原则？

　　批评的方式有千万种，有些让人头疼、厌烦，有些却让人听了很开心，并愉快地改正自己的毛病。在我们成年人的世界里，当面对某某人大发雷霆、当面训斥的情况时，心里最想的一定是找个理由赶紧离开，假如发怒的对象就是我们自己，那种无助而尴尬的场景势必会给我们的心情造成不小的影响和冲击。但假如面对一个温文儒雅的人，带着微笑点出你的问题，同时并没有要生气责罚的样子，而是友好地对你说："没关系，谁都会犯错，只要意识到，改了就好了。"你会不会因此而心存感激，并努力地进行自我更正呢？

同样的道理，当家中的孩子无意间犯了一个错误，作为妈妈的你又应该怎么对待呢？

尽管我们并不喜欢暴跳如雷的人，但生活中的很多妈妈在面对孩子犯的错误时，常常会无法控制地显露出狰狞的一面，以至于身边这个稚嫩的小家伙，一下子恐惧无比，不知道该躲在哪里。在他们的眼中，这时候的爸爸妈妈俨然成了狂躁的怪兽，张牙舞爪、大吼大叫，而自己并不是什么英勇的战士，只是手无缚鸡之力的孩子，只能听之任之。时间一长，孩子开始意识到，在爸爸妈妈的身上有一个隐形地雷，不知道什么时候自己一个不小心就会引爆，到那个时候自己就会成为一个四面楚歌的小可怜。所以为了能够规避这样的风险，很多孩子到最后都会选择对自己的爸爸妈妈敬而远之，能不让他们知道的事情尽量不让他们知道，以免以后成为他们爆发的时候拿来发作的"小辫子"。就这样，孩子与妈妈之间的距离越来越远了。当妈妈意识到自己与孩子之间的交流已经存在问题的时候，局面已经很难扭转了，因为这个时候的孩子，早已把"规避风险"当成是一种自我常态式的行为习惯，想再重新改变、重新维护，难度是不言而喻的。那将是一个重新建立好感和信任的过程，假如妈妈与孩子之间走到了这一步，不用说，自己就知道有多可悲了。

这时候，有些妈妈就会说："那孩子犯了错，总不能不批评吧？"批评当然是应该的，关键还是要看应该运用怎样的批评方式，假如批评的方式连我们成年人都无法忍受，又为什么要强加到一个柔弱稚嫩的小孩子身上呢？对于孩子的教育，最好的方法是找到适合他们的引导方式，这就好比给孩子做衣服，长了不行，短了不行，薄了不行，厚了也不行，只有刚刚好才是最合适的。

什么才是刚刚好的感觉呢？这件事最有发言权的不是妈妈，而是孩子自己。想象一下吧，假如我们可以找个机会和孩子针对批评的问题好好聊聊，听听他们内心的想法，看看到底什么样的批评方式是他们能够接受的。假如双方觉得这样的方法非常可行，不如就此定下君子协定，爸爸妈妈运用孩子能接受的方式批评教育他，而孩子则必须快速地改正自己的问题。当妈妈和孩子把一切都搬到明面上来讨论，很多的误解和情绪上的消极逆反就会一点点地化解消散。只要双方都能秉持说到做到的原则，那么之后的实行将不再会有任何矛盾和问题。

所以，找个机会和孩子聊聊这个话题，怀着无比坦诚的态度，听听孩子怎么说。我们所做的一切无疑都是为了让孩子更优秀，假如既能达到批评教育的目的，又能保持彼此之间的亲密和默契，那又何乐而不为呢？

多多："哎呀！烦死了，大早上起来就唠唠叨叨的，我不是刚起来吗？"

妈妈："刚起来就不收拾屋子啊！屋子就这么乱啊！等着爸爸妈妈给你在后面收拾啊！越来越大了怎么不懂规矩啊！"

多多："有完吗？本来我还想整理的，听你这一说，我还就不动了。"

10 岁的多多，坐在地上嘟起了小嘴，叉着腰，一脸不合作的样子，而一旁妈妈的脸已经被气得青一阵白一阵的了。

这种早上发生的不愉快，可能很多妈妈在与孩子的交流中都遇到过，有些妈妈感慨道："现在的孩子越来越不好管了，小时候说什么是什么，现在你越说越不听，动不动还顶嘴。打他吧，他只是个孩子；不打吧，又真让人生气。"

孩子不愿意听妈妈的引导，主要原因是从爸爸妈妈嘴里说出来的话总是那么教条，一切都是命令的语气，那感觉高高在上，早已经把自己看成是家里的老大。而随着孩子年龄的增长，他们开始越来越不喜欢那种被人呼来唤去的感觉，更不愿听那么一大串的教条。

　　曾经就有个小孩子愤愤地说："天天告诉我孩子要怎么怎么样，孩子要怎么怎么样。难道我不知道该怎么做吗？动不动就以这种方法给我上课，然后批评来批评去的。每天上学已经够辛苦的了，回来还得听他们没完没了地叨叨，没意思极了，所以我就故意顶他们两句，让他们赶快闭嘴。我就是我，我可能不是什么淑女，但不活在他们鞭策的影子里，我很开心呢。"

　　是啊，妈妈都想让孩子成为自己想象的样子，以为那样是对孩子好，自己心目中勾勒出来的样子才是最优秀的，所以哄着求着孩子朝着自己规划的方向努力。可没想到孩子并不买账，叛逆的思想让他们觉得活出自己的状态就很好，但自己究竟要成为一个什么样的人，可能连他们自己都不知道。

　　如此牵来绊去，一个想说，一个不爱听；一个想引导，一个拒绝帮助，时间一长必然就会出现问题。那么究竟该怎样让孩子把自己的意见听进去呢？方法很简单，既然孩子不喜欢让爸爸妈妈说自己，也不希望爸爸妈妈说自己的朋友，那不如就以一个故事的形式给他讲吧！让孩子在故事中悟出道理，意识到自己的问题，既给了孩子一个台阶下，又更容易让他们接受自己的意见，这样好的引导方式，作为妈妈又何乐而不为呢？

曼曼今年 11 岁，有一个很不好的毛病就是办事拖拖拉拉。妈妈让她把饭桌擦了，她口头敷衍一下，扭脸又不知道去干吗了。等妈妈十多分钟后再问，她才一边擦桌子，一边回上一句："很快，我马上就擦好。"时间一长，妈妈便意识到这个问题对曼曼未来的影响，决定找个时间好好与曼曼谈谈。

有一天曼曼回家，妈妈把曼曼叫到跟前说："曼曼，今天妈妈听同事讲了一个笑话，特别有意思，想听吗？"

"好啊，什么笑话？"曼曼兴致勃勃地坐下来。

"说从前，老鹰和公鸡都活在地上，它们看着上方广袤的天空感慨道：要是有一天咱们能飞上天该多好！老鹰说，那就去锻炼吧，公鸡说，好啊，不过得等一会儿，我得先干点别的。于是老鹰便自顾自地练习飞翔去了，等它学成归来问公鸡，你会飞了吗？公鸡这才意识到自己拖拖拉拉的一直没怎么练，但碍于面子，它努力地用翅膀扑腾了两下，将将够飞上栅栏。看着自己也能飞那么一段时间，公鸡还满心欢喜，骄傲地说：'怎么样？我飞得不错吧？'结果老鹰不屑地笑笑，一举身就飞到了高空，看着老鹰展翅飞翔的样子，公鸡惊呆了。天上的老鹰哈哈大笑地在天上盘旋说：'以后你的后世子孙就做我的盘中餐吧。'说完一个利爪把公鸡抓上了天。唉！可惜公鸡的后世子孙还是不长记性啊，到现在还只能扑腾着飞上矮墙。"

听了这个故事，曼曼觉得挺有意思，喃喃地说："想不到原来老鹰和公鸡还曾经是兄弟啊！"

"是啊，一个拖拖拉拉，一个雷厉风行，这就是酿成之后不同结果的原因。现在这个社会，想到就马上去做的人才有可能成功，只可惜大多数人都像公鸡在对着矮墙扑腾，还以为自己很不错。每天拖拖拉拉得过且过，最终一把年纪什么也没得到。我们曼曼还小，肯定不会和公鸡学，是吧？我们肯定要学雄鹰，办什么事儿都干脆利落，这样以后才能成为蓝天的主人啊。"

听了妈妈的话，曼曼沉默了一会儿，心有所悟地点点头，从那以后，曼曼办事拖拉的毛病改了很多，做起事情来也麻利多了。每当妈妈表扬曼曼的时候，曼曼总是会说："妈妈，我想当老鹰。"

一个故事，说出了为人妈妈的心思，或许孩子当时没有意识到，却会在故事中得到一笔宝贵的财富。其实沟通是讲技巧的，可以开门见山，也可以抛砖引玉。故事情节是伴随孩子从小长到大的一个梦，用这个梦教会他们读懂人生，用这个梦让他们更加完美，让他们无形中成为那个懂故事的人，让他们明白怎样做是最好的，怎样做是不对的。尽管故事总是虚幻的，但作为故事的制造者，妈妈总可以将这种虚幻映入现实，让孩子在其中感受到最真切、最诚恳的忠告和关切。

低头责骂，不如抬头指路

"每天就知道玩儿，学习的事情一点儿都不上心，跟你说了多少次答题的时候细心点，你听吗？这次好了吧，考试考成这样，老师批评完我，照样还得批评你，你看你现在对学习的态度……"

"我只是没弄明白做应用题什么情况下应该加括号，所以才丢了分。"

"你根本就是不用心，给你买了那么多参考书，你看了吗？要是看了，早就应该弄明白了。我花了那么多钱给你弄这些，结果你就考成这样？你对得起谁啊？"

"唠唠叨叨，你一天到晚就知道叨叨，你想过我需要什么吗？每次出现问题就在那里说一些没用的，只有我自己努力地去分析问题、解决问题，这么长时间了，你提出过一条可行的建议吗？一问你怎么办就是一通批评，除了这一套你还会什么啊？"

"那你想要我怎么样？你说！"

"我需要的是一个能够坐下来和我分析问题、解决问题的妈妈，而不是只知道批评，没完没了推卸责任的妈妈。你听懂了没有？"

很多家长看到孩子出了问题，首先的反应就是着急，一着急嘴巴就开始不听自己的使唤，种种的责备和批评就跟顺口溜一样跑了出来，中心思想无外乎这么几句话："你怎么可以这样""你这样对得起谁""你真让我失望"。可表达来表达去，传播的无非都是一些负面的信息，孩子接收到以后没有任何意义，只能引起他们内心的波动。时间长了，很多孩子开始厌烦，觉得妈妈只不过是一个叨叨专家，对解决问题没有一点儿意义。

人无完人，谁都会犯错，孩子之所以会犯错，大部分原因是他们对这个世界的很多事情还不够了解，出现问题后不知道怎么解决，用了错误的解决方案。这个时候作为过来人的妈妈，应该带着微笑走过去，拍拍他们的小脑袋，安抚一下孩子的恐惧和悲伤，告诉他们事情没那么严重，妈妈也曾经遇到过这个问题，并提出一些中肯的建议。妈妈还可以带着孩子重新演练一遍方才失误的事情，力求做到完美中的完美。当一件事情在没有恐慌的状态下有了一个完美的收尾，孩子必然会将其中的要领记在心里，等下一次再遇到类似的问题，就可以沉着面对了。

时下很多妈妈一见到孩子犯错就会怒气冲天，还没怎么样呢，就已经迫不及待地开始指责，开始奚落孩子怎样不用心，可从来没有传授孩子切实可行的方法。很多孩子再次遇到类似问题的时候，还是不知道怎么解决。

曾经就有一个小姑娘做出了一个很出乎意料的举动，一看某件事有发生的迹象，就赶快蒙起眼睛跑开，问及原因，她的回答是："我不能碰，我妈因为这件事批评过我，非常严厉，我还是不碰的好，不碰就不会有麻烦，我妈也赖不到我头上。"

听了这样的话，首先的感触就是，如果孩子长此以往下去，独立处理问题的能力一定会大大降低，假如一遇到问题就想逃避，不愿意直面问题、解决问题，那么当他们长大成人走向社会时，必然会遭遇不小的牵绊。现在不是很多妈妈都担心孩子会输在起跑线上吗？假如因为爸爸妈妈的奚落和批评导致孩子不愿意直面问题、解决问题，能逃就逃，能躲就躲，那这样的态度和方式不就是输在起跑线上了吗？

要知道，妈妈是孩子生命中的第一任老师，老师这个职业最大的亮点是授之以渔，出现问题不怕，犯了错误也不怕，以平和的心态去面对，静下心来和孩子一起分析，看看问题出在哪里，听听孩子当时是怎么想的，在处理这个问题的时候采取了什么样的错误方式。找到问题本源以后，妈妈就可以告诉孩子为什么这样的方法不可行，里面涵盖了怎样的科学道理，同时提出自己的建议，让孩子看着自己重新演练一遍。这样一来，不但可以纠正孩子处理问题的错误想法，还可以帮助孩子打开眼界，同时也不会影响到妈妈与孩子之间的亲子关系。当一件事在一种轻松友好的氛围中迎刃而解，孩子也对这件事的处理方式欣然接受，并在这种学习的过程中收获了知识和快乐，同时也不再认为犯错这件事有多么可怕，内心的紧张情绪就会缓解，大脑也跟着舒展，这对孩子的身心健康也是相当有帮助的。

所以在这里告诉妈妈们，想成为孩子的良师益友，与其总是板着脸严厉地批评，不如平和地告知孩子正确的行为路径。毕竟孩子还那么小，他需要的是我们的经验，经验要比批评更富有含金量啊！

批评时要顾及孩子的敏感心理

　　很多妈妈望子成龙，望女成凤，时刻盼望孩子更快更好地长大成才。殊不知，罗马不是一天建成的，孩子也不可能一天就长大成人。每个孩子更是在不断犯错的过程中成长的。在这种情况下，我们应该正视孩子一定会犯错的事实，提前做好心理建设，就不会在孩子犯错时觉得无法接受，甚至对孩子歇斯底里地批评和指责。要知道，妈妈引导和陪伴孩子成长，很重要的一点就是掌握批评孩子的艺术。

　　女孩的心理发育往往要比男孩早一些，而且心思细腻，感知力丰富，因而妈妈在教养女孩的过程中，一定不要以对待男孩的粗暴方式来对待女孩，否则就会伤害女孩敏感细腻的心灵。

　　这段时间，清清的心情很不好，因为她喜欢上了班级里的一个男孩，导致不管是上课还是下课，她都魂不守舍，学习成绩急速下降。老师有所觉察，找到清清妈妈进行了谈话，隐晦地暗示清清也许早恋了。当时正值初三关键时期，妈妈恨不得当即把清清找来好好询问一番，然后果断帮助清清斩断情丝。

然而，爸爸的意见截然不同，他对清清妈妈说："清清既然没有把这个情况告诉你，就是因为她觉得自己能解决，或者根本不想让你知道。孩子大了，我们要尊重她的隐私，不要窥探她心里的秘密。我们只有尊重孩子，才能得到孩子的配合，我建议按兵不动、旁敲侧击，适当地加强对她的监管，我相信她会自己走出来的。"

就这样，清清的妈妈与爸爸协商一致，以妈妈犯了偏头痛需要照顾为由，让原本住校的清清回家住一段时间，这样妈妈自然就有更多的时间与清清在一起了。等到清清回家之后，妈妈对清清非常关心，经常对她嘘寒问暖，不但关心清清的学习，还关心清清的身体健康和心情状态。

在和妈妈相处的过程中，清清感受到了妈妈对她的关怀，也深刻体会到了妈妈望女成凤的苦心。

最终，她决定忘记一切不该想的事情，认真努力地学习，争取考上重点高中，再考入理想的大学。因为原本基础就不错，所以她的成绩很快提高，妈妈也终于可以放心了。

在这个案例中，妈妈对待清清的方式不是批评，而是决定信任清清。这样一来，原本就懂事的清清受到亲情的感化，自然不会再继续执迷不悟地在错误的道路上越走越远了。

那么，批评孩子究竟要掌握哪些艺术呢？

首先，要把孩子当成平等的个体，充分尊重孩子。孩子哪怕年纪再小，也绝不是妈妈的附属品，妈妈唯有把自己当成与孩子平等的朋友，才能得到孩子同样的真心相待。

其次，孩子在成长的过程中会遇到很多的困惑，出于情感、生理和心理等方面的原因，孩子对于成长中的困扰常常会觉得无奈，甚至产生无力感。在这种情况下，妈妈更要给予孩子足够的爱与耐心、宽容与理解，才能真正打开孩子的心扉，让孩子更愿意向妈妈倾诉，与妈妈和谐共处。

最后，还要讲究批评的方式与方法。毕竟，没有任何方法是放之四海而皆适用的，我们唯有在与孩子相处的过程中用心思考，找到最佳的批评方式，才能让我们与孩子的相处更加和谐。否则，一旦激起孩子的逆反心理，批评非但达不到预期效果，甚至会使一切变得更加糟糕。

其实，妈妈批评孩子的方式有很多种，比如，旁敲侧击、隐晦暗示。如果有些妈妈本身性格就很内向，或者不好意思和孩子说些敏感的话题，也可以借助于某些书来提醒孩子。倘若孩子的心思细腻敏感，我们就不能过于直白，点到为止即可。当然，每个孩子的脾气秉性都是不同的，作为妈妈，我们唯有充分了解自己的孩子，才能有针对性地采取最有效的方法来教养。

人前记得给孩子留面子

孩子的小面子犹如一层窗户纸，一捅就破，非常脆弱。但是很多妈妈却时常忽略这一点，为了让自己的孩子能够更优秀，及时改掉身上的坏毛病，总是习惯当众去数落孩子的不是，甚至有些妈妈还特意要在人前显示自己作为妈妈的权威，当众给孩子敲警钟，让孩子下不来台，非常没面子。

这时候，有些孩子就开始抹眼泪了，或许哭是他们唯一能做的抵抗。而这时身边的妈妈却不耐烦起来："哎哎哎，哭什么哭啊，说错你了吗？"而孩子往往低着头一句话不说，那种可怜劲儿，让人看了都心疼不已。

作为妈妈，这样做究竟对吗？且先不说孩子幼小的心灵世界，就先谈谈我们成人吧。尽管我们经常嘴边说着："有什么话，当面说。"但假如有人真的当着很多人的面指责你的不是，让你下不来台，那种难堪的感觉是不是也很难平复？假如真的能够当什么事情都没有发生，只有两种可能，一种是城府很深，一种是没心没肺。但这两种人在成人世界都很少见，大多数人都会因此而难受好几天，更何况是对这个世界还一知半解的孩子呢？

作为妈妈的你是不是也应该反思一下，假如作为成年人的自己都接受不了的事情，又怎么能要求孩子去心态平和地接受这种在人前受责备的现实呢？曾经就有一个孩子坦诚地说："当妈妈第一次在人前数落我时，我心底的声音告诉我，以后什么心里话都不能对她说了。"因为妈妈的一个无心之举，就这样伤害了孩子幼小的心灵。这样的举动是多么得不偿失啊！

有一位妈妈在微博上分享了自己的亲身经历。

自己原来以为只要孩子有错误，不管是什么时候、什么场合，都应该及时地予以纠正，这样的教育方式是最利于他的。可发生了一件事情后，我改变了此看法，事情是这样的：

有一次我带着女儿上街，遇到了一个熟人，聊天的时候，女儿不小心把冰棍碰到了衣服上，我很不高兴，就当着朋友的面说："怎么搞的，刚洗的衣服，女孩家的怎么那么不小心。你看看阿姨家的露露，从来不像你那么邋遢。"这时候朋友连忙打断说："哎，小孩子都是这样的。""什么啊，你不知道，她经常邋邋遢遢的，有时候说了还不高兴。"

这时候女儿的小脸一下子就耷拉下来了，她嘟着嘴，想独自跑开。我一把拉住了她，但她的样子很生气，而且眼泪在眼圈里打转转。

回家以后，女儿郑重其事地向我提出抗议："妈妈，以后我有什么错误可不可以回来跟我说，为什么要我成为别人眼中的笑柄你才开心？"

"我只是想让你改正错误，没有别的意思。"我愣了一下，随后解释道。

"那如果我以后一遇到你的熟人，就把你的坏毛病全说出来也可以吗？如果你不介意，以后我就那么做。"

"你敢，小小年纪没大没小的。"我嘴上威吓了一句，心里却开始心虚。

"那总不能以大欺小吧！你不喜欢的东西，为什么强加到我身上让我接受呢？更何况我也不是成心把冰棍弄到衣服上的。怎么就引起你那么一连串的批评呢？而且越说越过瘾的样子，这是为什么？"女儿双手抱在胸前，一脸生气的样子。

"好啦，知道了，以后不会了。"我只好服软。

"那下不为例，咱们拉钩。"

从这件事情以后，我开始反思，确实，有些时候不知道怎么回事就做了自己也不怎么喜欢的事。当众让人下不来台的确不是好事，更何况女儿的小面子还那么脆弱，肯定会感觉受到伤害了。以后一定会好好注意，好好呵护她，不会让她再因此而难过生气了。

但凡孩子都是需要面子的，保护了他的面子就是保护了他的心灵，就是对他身心的一种尊重。人与人之间是平等的，尤其是妈妈与孩子之间更应该是平等的，如果自己都接受不了的东西，真没必要强制孩子去接受这一切，他们需要妈妈的照顾和呵护，所以不要轻易地去伤害他们。

看了这段分享，不知道作为妈妈的你会不会心里也有一些反思和感触呢？作为成年人，我们总是莫名地把自己很多并不喜欢的状态带进生活，而这些状态很可能就会影响到孩子的成长。或许我们也不晓得为什么会成为那种自己也不喜欢的，在人前说人不是的那类人，但我们还是去做了，我们本以为孩子就是孩子，当着人说两句没有什么，但事实是，当我们的这种行为侵犯了他们的尊严，那种心中隐隐的痛，照样会摧残他们的心灵，伤害他们的神经。作为孩子的贴身保护者，这样做绝对是不允许的，把对自己的要求提高一点儿，对于孩子未来的成长才更有帮助。

惩罚也要讲尺度

妈妈："拿着卷子出去站着，就是得让你现现眼，看你以后长不长记性。"

儿子："我不！"

妈妈："出不出去？不出去也行，给我跪下，跪搓衣板上，我不让你起来你就不许起来。"

儿子："为什么要这么对我？"

妈妈："为什么？犯错的时候你怎么没考虑到后果啊？"

儿子："犯错就非得这样吗？谁没犯过错啊！我这么对你你好受吗？"

妈妈："还顶嘴，看我怎么收拾你。"

看了上面的一段对话，想必很多妈妈都会觉得，一定是孩子做了什么严重的错事，把妈妈气着了，才会出现这样的情景。假如作为妈妈的你，家中有一个孩子，面对他犯下的错误，你又会采取什么样的行动呢?

有些妈妈坦言:"和孩子好好说但他不长记性，有的时候就得罚，让他知道这样做不光不好，而且做了后果很严重，会很痛苦，以后就不敢了。"

人无完人，大人都经常会犯错，更不要说孩子。在这里我们不否认惩罚有时确实会起到一些教育的效果，毕竟做错事要承担后果和相应的惩罚是情理之中的事。但假如这些惩罚过于兴师动众，甚至伤害到了孩子的身心健康，这样不但起不到教育的目的，而且对于孩子的健康成长也没有一点儿好处。

看到上面孩子受到的惩罚，心里首先是一阵紧张，尽管我们不知道他犯了什么错误，但面对一句:"就是让你现现眼。"还有之后要求下跪实行体罚的举措，足以伤害孩子的自尊心。现在很多媒体都在呼吁不要打孩子，因为一失足成千古恨的事情太多了。虽然很多妈妈也因此引起了重视，但还是有一些妈妈对孩子可以说是越惩罚越上瘾，最终在其过程中自己都失去了理智，不知道怎么摆弄孩子才能消气，越是在这个时候，越会有一些不理智的行为出现。

惩罚应该建立在警告孩子犯错就要承担责任的基础上进行，但这并不意味着惩罚就是羞辱，就是对内心尊严的践踏和摧残。曾经有一个小孩子就因为忍受不了妈妈羞辱式的惩罚而写下遗书，他这样对妈妈写道：

我不知道你们为什么要这么折磨我、羞辱我，我仅仅是因为一次考试成绩不理想，就要面对这么残酷的折磨，你们一点儿都不爱我，既然你们能下得了狠手，让我跪在黑暗的厕所里看不到光明，那我现在就让你们彻底满意，我要离开这个世界，我相信另外一个世界里，没有你们给予我的伤痛，那里一定是美好的。所以，让我再叫你们一声爸爸妈妈，永别了。

看到这样的文字，不管是谁内心都会深受震动，一个孩子写下这样的文字，所受到的是怎样的心灵摧残啊？究竟是怎样的惩罚，又是因为多大的一件事，导致这么一个幼小的生命竟然不惜用死亡的方式去反抗呢？其实这件事也不难理解，不管是一个国家、一个集体，还是一个人，尊严是最为重要的，当一个人失去了尊严，或尊严受到严重的伤害和挑衅，思想上往往会很难受理智所控制，一种力量就会在他们的内心膨胀，指引他们采取某种极端方式去捍卫、维护，甚至是报复。

　　作为一个孩子，幼小的心灵是脆弱的，一旦面临伤自尊的惩罚，大多数的孩子都会接受不了，轻者会伤心好几天，重的一下子就会患上心理疾病，长期走不出内心的那个阴影。所以作为孩子的妈妈，如果真心地爱他们，希望他们健康成长，就要在惩罚机制上做到绝对的理智，要告诉自己无论孩子做错了什么，他也不过是个孩子，过于残忍的惩罚不但解决不了问题，还会让彼此之间原本亲近的关系越来越疏远。

　　所以，在面对孩子所犯的错误时，先放下自己不理智的怒气吧！与其无端地发作惩罚，不如提前与孩子约法三章，其中既标明孩子犯错之后所要付出的代价（例如失去自己最喜欢的玩具、没收当月零花钱、取消假日旅游计划等），也要主动对自己所做出的反应进行自我约束，告诉孩子之所以惩罚他是为他好，对事不对人，每个人都必须要对自己的过错承担责任、付出代价，但不管怎样，妈妈都是爱他的，妈妈不是什么魔鬼，只是希望他能够通过这一切提早明白一些道理，在未来的成长之路上少走弯路，能够更顺利地过好自己的人生。

巧妙引导，让孩子不再攀比

女孩 A："你看我的铅笔盒好看吗？这是我从进口商店买的，Kitty 猫限量款，不错吧？"

女孩 B："那有什么啊，你看我的这个，这是大嘴猴经典款手表，比起它来你那个都是过时的。"

女孩 A："你妈妈让你买吗？"

女孩 B："不让啊！说太贵了。"

女孩 A："那你怎么买的啊？她不说你吗？"

女孩 B："她管不着，那是我的压岁钱，我自己的小金库，我想怎么花就怎么花，关她什么事啊？"

女孩 A："我也是这样，你今年春节拿了多少啊？"

女孩 B："不多，也就八千多元钱吧！"

女孩 A："嘻嘻，我比你多，我有一万多元呢。"

女孩 B："怪不得那么奢侈呢！比我有钱。"

女孩 A："奢侈吗？我没觉得。上次我看到晴晴在那里还跟人说呢，她零花钱都快超过三万元了，准备收集至少三款经典版芭比娃娃。一个就好几千元。"

女孩 B："哇！我也想要。"

女孩 A："谁不想要啊……"

听了两个女孩的对话，作为妈妈的你是不是越听鼻子气得越歪呢？或许这时候的你，非常想说出这样的话："把你送到学校是为了学习知识，结果学习没搞好，天天在一起就谈论怎么花钱、怎么攀比，太让爸爸妈妈失望了，从小就乱花钱，长大了怎么得了？"

其实，对于孩子的这种行为，作为妈妈的我们是可以理解的，孩子现在还小，看见别人有自己也想要，这是很正常的事情，但是假如花一大堆钱只是为了在人前满足一下自己攀比的欲望，获得一份满足感那就得不偿失了。很多妈妈发现，我们的孩子常常会背着我们买一些根本不需要的东西，问及原因回答往往是"别的同学有，我也想要"，总结下来，就是不知不觉地被那种攀比的坏习气所影响。

那可怎么办呢？总不能一直就这样眼睁睁地看着孩子被这种错误心理摧残吧？不要着急，看看下面的建议，不知道对大家有没有帮助：

第一，树立孩子正确的消费观念。

孩子之所以彼此攀比，主要原因就在于他们心里没有树立好正确的消费观念，所以才会造成乱花钱的情况。这个时候妈妈可以介入，不妨问问孩子这样几个问题："你觉得买这件东西有多大用？""这件东西可以让你变得更优秀吗？""你觉得它能陪伴你多长时间？""家里有没有相似的产品？"假如孩子对这一切都支支吾吾，不知道怎么回答，那我们就可以对其进行有效的正确引导了。

这时候，妈妈可以引导孩子说："买东西可以，但一定是要买自己需要的，价格适当贵一点儿也可以，但不能奢侈和攀比。如果根本就不需要，只是脑袋一热就想买，那是不应该被允许的。试想一下，有钱的时候买些没用的东西，等到自己真的需要一个有用的东西时，到哪儿去找钱呢？那时候肯定会着急。所以一定要把握好手里的每一分钱，乱花钱的孩子迟早是要吃亏的。"这么一说，孩子肯定会去关注那些自己真正需要的东西了。

第二，置换孩子攀比的项目。

有些家长抱怨孩子怎么也杜绝不了与别人攀比的思想，那么最好的方法就是转换孩子攀比的项目。假如一定要比，不妨在其他的地方也比，例如比谁学习成绩高，比谁一个月赚的劳务费多。为此，妈妈可以设立相当详细的家庭制度，例如，在家做家务可以得到适当的劳务费。这样一来，孩子就会在劳动中明白赚钱的辛苦，自然也就不会再乱花钱、再攀比了。一旦花自己的钱买了一件什么样的东西，一定会非常珍惜、倍感自豪，因为那是他通过自己的努力换来的。

第三，为孩子设计正确的资金流动方向。

孩子之所以会犯攀比的坏毛病，主要原因还是在于手里的钱没有正确的资金流向。面对这个问题，妈妈可以和孩子一起制订一个正确的资金流动方向的方案。例如，让孩子把钱花在购置一些图书或是报一个自己非常喜欢的特长班上，这样不但满足了孩子花钱的心愿，同时也让他们从中学到了丰富的知识，找到了更多的快乐。

看了上面的建议，不知道作为妈妈的你是不是也找到引导孩子的灵感了呢？孩子还小，很多事情，稍微加以纠正，就能让他们重新步入正轨，关键在于我们这种纠正的方法有怎样的艺术性。攀比之心不可怕，想花钱的欲望也不可怕，只要运用得当，一切担心就会迎刃而解，妈妈膝下的这个孩子，或许会成为家中最会花钱的小精灵呢！

第 3 章

不做娇惯的妈妈，
教孩子学会自我保护

学习自救知识，越早越好

　　孩子犹如妈妈手心里的掌上明珠，每天看顾着、关注着，生怕他会因为什么原因而受到伤害，然而随着他年龄的一天天增长，妈妈开始意识到自己已经不能给予他朝朝暮暮的陪伴。而在这个令他们好奇的世界背后，仍然充斥着很多危险的成分。外面的世界很精彩，外面的世界也很危险，可很多孩子都将注意力集中在了外面世界的精彩，却没有意识到危险也会在不经意的瞬间到来，假如这一天它真的来敲门，孩子又应该如何面对呢？

　　这个世界有很多好人，但坏人常常是披着羊皮的狼，你也不知道什么时候就会与他们不期而遇。这个世界有真诚也有欺骗，有善良也有凶残。孩子是妈妈放在怀里的小白兔，但也难免有时会蹦蹦跳跳地跑到外面玩耍。有新闻报道说，一些孩子不过是到离家不远的地方玩耍，却再也没有回家，而妈妈无论怎么苦苦寻找都没有结果。当我们听到那些让人心碎的坏事时，总觉得距离我们很远，但假如心里提不起防范意识，万一出现了危险迹象又该怎么办呢？

所以作为孩子的第一任老师，妈妈应该从小就给孩子上安全意识家教课，教孩子一些自救逃生的知识，将这一切牢牢地印刻在他们的脑子里。这样一旦出现了危险的迹象，他们就可以灵活应对，不会因为一时的无知而上了坏人的当。

究竟妈妈应该告诉孩子哪些自我防范的安全知识呢？看看下面的建议，希望对爸爸妈妈们有所帮助。

第一，不要给陌生人开门。

放了寒暑假，很多孩子就会待在家，而爸爸妈妈还要上班，万般无奈之下，只能把孩子一个人留在家。现如今的物流行业是那么发达，曾经就有孩子把坏人误认为是快递叔叔而打开门，最终发生不幸的事情。所以妈妈应该告诉自己的孩子，只要爸爸妈妈不在家，不管外面的人是谁，都不要轻易地打开门。如果真的有快递送货这样的事情，最好能够与对方调整好配送的时间，或是设计好一个房门外的快件安放地点。毕竟，比起快件来，孩子的安全才是第一位的。

第二，拒绝陌生人的搭讪。

孩子放学，妈妈还没来接，这个时候是最不安全的时候。有些坏人常常会借着这个机会和孩子搭讪，有的甚至还宣称自己是孩子妈妈的朋友，因为妈妈太忙，委托自己来接孩子。妈妈一定要告诫孩子：只要爸爸妈妈没来，就不要与陌生人搭话，更不要听信他们编造的谎言，要尽可能地和保安叔叔待在一起，或是跑回校园内，在教室里等着爸爸妈妈来接。同时，妈妈也要告诉孩子一定要拒绝那些坏人给予的诱惑，即便对方使出浑身解数，自己也要不为所动，而且要快速地跑开，以免发生危险。

第三，有人跟踪，往人多的地方走。

有些孩子放学后因为距离家不远，所以常常一个人回家。假如这时候感觉后面有坏人跟踪，最好的方法就是赶紧往人多的地方走，人一多，坏人就不敢轻易妄为。这时候孩子可以赶快拨通爸爸妈妈的电话，同时环顾四周有没有警察、警车或岗亭，如果有，就想办法与警察叔叔站在一起，或就近走进银行、商场之类的场所，尽可能与安保人员在一起，这样坏人就无法得逞了。

看完这些建议不知道对妈妈在引导孩子方面有没有用，但不管怎样，作为妈妈都应该告诉自己的孩子，坏人想做坏事，起先都是把自己装点得光鲜亮丽，给危险披上华美的外衣，聪明的孩子应该快速识破其中的骗局，树立起自我防范意识，规避危险，快速自救逃生，这样才不至于被危险吞噬，才能更加安全地长大，而作为妈妈的我们也才会更安心、更放心。

不安全的游戏，再好玩也不参与

不管是男孩还是女孩，都很贪玩，几个孩子在一起，就会发明各种各样的游戏，即便是没有玩具，抓把土都能玩上半天。妈妈们应该注意，孩子的游戏有些是没有轻重的，看着是游戏，可一不小心就会制造出危险来。假如不让孩子加以注意，等到危险真的降临到自己孩子的身上，再后悔就来不及了。游戏是孩子童年不可缺少的部分，追忆小时候，有很多很多游戏都给我们的童年增添了无穷的欢乐。而如今为人妈妈的我们，看着家中活泼可爱的孩子和他的小伙伴一起游戏的时候，嘴角也会露出欣慰的微笑，宛如时光倒转，又经历了一番从小到大的轮回。妈妈们应该意识到，孩子的游戏有些是有潜在危险的，有时候玩得太投入了，他们自己都不知道自己在做什么。在孩子们游戏时，有很多时候家长是应该看护和帮助的。否则，一个不留神，出了意外，后悔就来不及了。

一位母亲就在微博上写下这样的分享：

我家有一位小公主，天真美丽又快乐，身边有很多很多的小闺蜜，有时还一起玩游戏，这原本是一件让我很欣慰和快乐的事情，可后来经历的一件事情，让我一下子意识到，孩子与孩子之间的游戏，有些时候也是存在一定危险的，假如这个时候没有妈妈的陪护，即便是孩子之间的游戏，也很容易出现意外。

一次，我带着女儿到公园和她的几个小朋友玩，几个小孩子先是采了一些树叶，后又挖了一大堆黄土，好像是在玩儿过家家的游戏，而且每个人还分配了不同的角色，几个小姑娘在那里喃喃地说："你当妈妈，你当姐姐，我当孩子。"我看着她们一本正经的样子，心里觉得好笑，但转念一想，孩子就是孩子，让她们玩吧。

可过了一会儿，我就觉得不对劲了，几个小孩子用树叶和泥土，还有一些其他的什么东西混合在一起，揉成了一个一个小球，说这是什么药，说宝宝病了，要吃药，吃了这个药就好了。而要吃药的孩子恰恰就是我家的小公主，只见她拿起了"药"，张开了嘴，正准备把那东西吞到嘴里。我一个箭步跑过去，一下子夺下了那个破丸子，把女儿拉到了一边。

"讨厌，讨厌，我要吃药。"女儿根本没有意识到危险的存在，还在那里埋怨着，为我的突然出现而表现出自己的不满。"吃药？吃了这个就死啦，你还吃吗？"女儿听了这话，一下子醒过神儿来，好像刚刚从自己扮演的角色中走出来，眼睛里满是惊恐。而她身边的几个小闺蜜，也是懵懵懂懂地看着我，好像也意识到了这样做是有一些危险的。

于是，我借机就给这些不太懂事的孩子们上了一课，告诉她们这些东西混合在一起不是药，是有很多细菌和毒性的，吃了以后会生病，严重的可能就死了。所以绝对不能随便找来点什么就吃，万一身边的小伙伴身体出现了什么意外，其他的人一定会后悔一辈子的。

看着她们有了警觉，我心里那个后怕的感觉还是难以平复。孩子在慢慢长大，朋友越来越多，而身处童年的她们根本就不知道如何在游戏中规避危险。后来我就告诉女儿，任何时候都要以安全为重，因为未来还很长，绝对不能因为眼前的一个游戏而伤害了自己。即便别人玩得再起劲儿，只要不安全，这样的游戏不玩也罢。

看了这样的分享，你是不是也对孩子的游戏提起了警觉呢？很多时候我们都认为只有男孩子才会玩那些危险性高的游戏，却忘记了在女孩默不作声的玩耍中，安全隐患也同样存在，甚至有的时候还不容易让人发现。她们有的时候会假扮医生制作出不知道从哪儿搞出来的小药丸；会在过家家的时候吞下还没有洗过的菜叶子；会在捉迷藏的时候把一个小孩子的眼睛蒙得紧紧的，却忘记了在她身边有一个没盖严实的井。这些都是多么可怕的安全隐患啊！

所以作为妈妈，我们应该在平时引导孩子重视游戏中的危险，同时尽可能地在孩子游戏的时候陪伴在他们的身边，一旦出现危险就马上制止，并对孩子进行引导和教育，只有这样，才能让他们远离危险，拥有一个更安全、更快乐的童年时光。

远离危险"玩具"

　　如今的小孩子身后都有一个相当庞大的玩具库，很多爸爸妈妈坦言，尽管自己已经为人父母，但还是有一颗无法磨灭的童心，看着那摆在商店里琳琅满目的玩具，不说孩子喜欢，就连作为大人的自己都会跟着眼前一亮。而就在那一刻，脑海中突然产生一个念头："一定要让我的孩子把我小时候没玩成的玩具都拿在手里。"就这样，孩子不停地挑，爸爸妈妈不停地买，屋子都快装不下了。这似乎成了当下有孩子家庭的一个常态。

　　但是你知道吗？随着市面上的玩具越来越多，玩具的安全性越来越低，这引起大家的关注。如今的玩具样子新奇，但安全系数却在一点点地降低，稍不留心就会影响孩子的身心健康。要知道孩子的身体是娇嫩的，皮肤稚嫩而柔弱，如果这个时候他们的玩具出现了问题，那无疑会给他们带来无法想象的伤害。

　　有关机构跟踪调查了很多玩具的生产厂家，对玩具的种类、取材、质量等各个方面进行取样，最终得出结论，如今市面上很多看似很安全的玩具其实都存在一些大大小小的安全隐患。即便是材质上没问题，但孩子仍然会在玩具操作上面临很多的问题和安全隐患。而作为孩子看护使者的妈妈，一定要有高度的防范意识。

程程马上就要过生日了，妈妈带程程去了玩具店买生日礼物，这让程程兴奋无比。只见他左边看看右边看看，最终被一对磁力珠深深地吸引了。只见这对磁力珠滑溜溜的，摸起来特别舒服，两颗珠子距离远远的就能相互吸引到一起，好像其间有什么神奇的魔力。

"挑好了吗？"这时候妈妈问道。

"嗯，挑好了，我就要这个磁力珠。我们班很多小朋友都在玩这个。"

"那就买这个吧！"看着程程那么喜欢，妈妈也没有过多地过问，觉得只要孩子喜欢就好，玩具是正规商场买的，也不会有什么质量问题。

就这样，程程开开心心地把磁力珠带回了家。一回到家里，程程就迫不及待地拆开包装开始玩了起来，而妈妈则开始忙着洗菜做饭。妈妈做好饭后，叫程程去吃饭。可程程在屋子里却一点儿动静都没有，于是妈妈连忙推开门看看到底出了什么事。只见程程坐在床上傻傻地待在那里，手里只剩下一颗磁力珠，脸上一脸恐惧。

"程程，你这是怎么啦？"妈妈连忙问道。

"妈妈，我刚才拿着磁力珠玩儿，不小心把一颗磁力珠咽到肚子里了，怎么办啊？"

"什么？你这孩子，这可怎么办？赶紧去医院吧！"

于是妈妈赶紧把程程送到了医院，医生费了九牛二虎之力，才把程程吃进去的磁力珠取了出来，转过头就对程程的妈妈一顿批评："你们做妈妈的难道意识不到这种玩具的危险性吗？幸好这次吞下去的是一颗，要是两颗都吞进去，磁力珠在肚子里相互吸引起反应，那问题可就严重了。到时候你们家长后悔都来不及了。"

听医生这么一说，程程的妈妈吓出了一身冷汗，而刚刚从危险中解脱出来的程程，这个时候也意识到了危险玩具有多么可怕。

一颗小小的磁力珠，稍不留神险些危及孩子的生命，可见玩具隐藏的杀伤力是多么大。当下，很多妈妈为了能够让孩子有一个幸福的童年，都不遗余力地满足孩子的各种玩具需求，却从来没有考虑过这些玩具是不是百分之百的安全。所以，这里要提醒孩子的妈妈，我们应该以孩子的生命安全为第一要务，面对那些危险的"玩具"坚决地说 NO！以免出现大家都不愿意看到的后果。

其实，孩子的注意力是很好转移的，妈妈要设法将他们的注意力转移到安全的玩具上。即便正规玩具，也要教给孩子正确的玩法，才能规避不必要的风险，做一个孩子生命安全的忠实守卫者，这一点相信所有的妈妈都知道该怎么做。

与"陌生人"保持距离

这个世界上有很多好人，他们会在你需要帮助的时候，伸出援助之手，让你感受到世界的关爱和温暖，但这个世界上也有一些坏人，他们会装扮成好人的样子接近你，然后把你带到一个无底深渊，让你彻底感受到世界的残酷与无情。作为成年人，我们非常明白，防范心对于一个人来说有多么重要。正所谓害人之心不可有，防人之心不可无，说的就是这个道理。即便如此，我们这些大人有些时候也会上当受骗，就更不要说天真无邪的孩子了。

孩子生性善良单纯，从小就在妈妈保护下的他们并不知道这个世界还有危险的存在。作为妈妈，我们当然希望他们能够永远这样天真烂漫，活泼可爱。但是我们知道，这个美好的世界也潜伏着凶险，谁也不知道它会在哪一天因为一件什么事情不经意地爆发在自己孩子的身上。看着孩子稚嫩的双眼，看着外面车水马龙的街市，我们开始意识到，是时候对孩子进行自我防范的思想教育了。

有一位妈妈在微博上写下了这样一篇帮助女儿提高防范意识的文章：

和大多数家庭的孩子一样，我的女儿就像一个善良的小天使，每当看到需要帮助的人，她就会伸出援助之手：看到路边乞讨的人，她就会把仅有的用来买冰棍的零花钱放进他们的罐子里。这样的情况既让我欣慰又让我担心，因为在女儿的眼中，好像这个世界根本就不存在邪恶，但作为成年人的我却知道，在社会精彩的外表下，好人、坏人是同时存在的，危险随时可能发生，假如再不让她知道那些"陌生人"的可怕，恐怕以后会出事情。

正在思考怎么引导女儿这件事的时候，我从报纸上看到了这样一则消息，把我吓出了一身冷汗。内容是一个孩子放学后，被一个陌生人领走，家人寻找了好几天都找不到，最后被发现的时候，孩子已经失去了宝贵的生命。

作为妈妈，当时我的脑袋嗡的一下子，在对遇难孩子家属深表同情的同时，心里也在为自己的女儿担心。她那么善良，那么单纯，假如有一天她遇到了同样的情景，能应付得了吗？

于是我把女儿叫到身旁，把这件事讲给她听。结果她的反应也很强烈，一边听，一边脸上露出了惊恐的神情，最后简直都要吓哭了。到了吃中午饭的时候，女儿仍然惊魂未定，我一个劲儿地给她夹菜，她却根本不想动筷子。这时候丈夫开始埋怨我给女儿讲这么恐怖的事情，把孩子吓成这样，但我却仍然态度坚决。我告诉女儿："宝贝啊！这个世界上什么事情都有可能发生，提前看到了别人的不幸，对自己是一个警示，现在外面有很多可怕的'陌生人'，他们都戴着善良的面具，只有在真正得手的时候，才会卸下伪装。所以平时一定要警惕，千万不要随便相信陌生人，更不要轻易跟陌生人说话。只要感觉到有危险的迹象，一定要快速地想办法躲开，千万不要被他们表现的假象蒙蔽，否则上了当，再后悔也没用了。"

女儿听了这些话，微微地点点头，之后我发现她在行为上确实有了改变，放学以后，一定要等到爸爸妈妈亲自来接的时候，才肯离开学校大门，否则就待在学校里。这意味着她已经开始有了自我防范意识，这一点让我觉得非常欣慰。

每一个孩子都是妈妈手中的宝贝，这个宝贝正在熠熠生辉之际，怎么能因为莫名的危险而失去了光芒？作为妈妈，我们是孩子最贴身的守护者，同时也是他们第一任安全防范意识的指导者。

及时地给予孩子安全教育，让他们意识到危险的存在是非常有必要的，尽管天真的他们在面对一些社会真相的时候，会暂时的接受不了，但这样思想的洗礼，必然会让他们开始意识到自我保护的重要性。由此看来，一定要把安全意识放在心里，内心防范了，可怕的"陌生人"再想"见缝插针"，就不会那么容易了。

从小培养明确的性别意识

曾经在某篇文章上看过一句话："他已经老得没有性别了。"当一个人老到一定年纪，就如同回到了婴幼儿时期，性别意识很弱。

婴儿从呱呱坠地开始就把自己的性别公之于世。妈妈们提前准备好的那些小衣服，也就有了性别明确的小主人。细心的朋友会发现，很多婴幼儿的衣服根本没有性别差异，大多数都是淡蓝色、淡粉色、淡黄色。在这三种颜色中，除了淡粉色更适合女孩穿之外，其他两种颜色男孩女孩都能穿。

那么，商家这么做是在刻意模糊宝宝的性别意识吗？答案是否定的。原因主要有两点：一是婴幼儿的衣服安全等级较高，如果颜色过于鲜艳，染料会伤害婴儿娇嫩的皮肤；二是孩子在小的时候（两岁前）性别意识没那么清晰，所以不需要刻意区分性别。

但是随着婴儿逐渐长大，在进入两岁之后，孩子的性别意识就开始萌芽了。因此，两岁是妈妈对孩子进行性别教育的一个好时机。妈妈在这个时期不要再给女孩穿和男孩一样的衣服，否则会使女孩产生性别错乱，给孩子以后的生活带来很严重的负面影响。

有些家庭因为妈妈受"重男轻女"的观念影响，从小就将家里的女孩当成男孩来养。还有一些妈妈喜欢女孩，因而把儿子当成女孩来养育，甚至儿子都两三岁了，还给儿子穿小裙子。这样的行为只会导致孩子形成性别认知障碍，对孩子的成长毫无益处。

在这方面，对女孩的教育显得尤为突出。这时候，明智的妈妈会在孩子两岁左右给女孩穿合适的衣服、内裤等，并且和女孩强调她们和男孩是不同的，利用日常生活中的点点滴滴帮助女孩形成明确的性别意识，比如上公共厕所时，妈妈要带着女孩进入女厕，并告诉她另一边只有男孩可以去；又如在讲故事时，强调王子、公主之间的性别不同；还有家中养宠物，教孩子分辨能生宝宝的小动物是母的，相当于人类中的女性。唯有如此，后续针对孩子的安全意识培养的教育才能顺利展开，孩子才能学会保护自己。

在让女孩认识到自己与男孩不同之后，接下来要做的就是培养女孩的安全意识，让孩子意识到自己的隐私部位是不能示人的。要知道，女孩在小的时候根本没有害羞与否的意识，想要避免女孩在公共场合做出不恰当的举动，学会保护自己，妈妈就要有意引导。假如妈妈在女孩面前表现得随便，而且从不教育女孩要对自己的隐私部位进行保护，那么，女孩就会在懵懂无知中长大，完全不知道保护自己。这样一来，等到女孩稍大一些时，必然会遇到很大的困扰。

小仪已经 3 岁了，却还没有保护隐私的意识。也许是因为从小习惯了光着屁股在房间里跑来跑去，3 岁的小仪到了炎热的夏天，还是赤裸裸地跑来跑去。女孩这样未免有点不雅观。为此，妈妈决定对小仪进行性别意识教育，让小仪学会自我保护。

这天早晨，小仪起床之后又没穿衣服就在客厅跑开了，妈妈当即喊道："哎呀，小仪，你看看，爷爷、爸爸和哥哥，还有奶奶和妈妈，可都穿着衣服呢！只有你没穿衣服哦！"小仪当然知道妈妈是在笑话她，但她很抗拒穿裤子，还是不听妈妈的劝，自顾自地跑开了。

过了一会儿，小仪看到全家人都看着没穿衣服的她，觉得很不好意思，只能勉为其难地说："好吧，那我就穿上吧。"刚刚穿上衣服的小仪觉得不太舒服，但是看到全家人都穿戴整齐，也就不好意思脱下来。这时，妈妈和奶奶分别告诉小仪要学会保护自己，有些秘密是除了妈妈和奶奶以外，爷爷、爸爸和哥哥都不能看和不能告诉的。

说的次数多了，小仪就形成了保护隐私的意识，以后每天早晨起床之后第一件事就是赶紧穿上衣服，就连睡觉的时候都穿着睡衣，她还念念有词："这是我自己的小秘密！"

在成长的过程中，女孩显然比男孩有着更多隐私和秘密需要保护。在女孩4岁之前，妈妈作为女孩的启蒙者，必须要培养女孩的害羞意识，也要教会女孩对自己的隐私部位进行保护。如果女孩没有形成关于性别隐私的害羞意识，也不知道保护隐私部位，日后会更容易遇到危险。

当然，培养女孩的害羞意识和保护隐私部位的意识，是一个循序渐进的过程。在养育孩子的过程中，除了言传之外，妈妈更要注重身教的作用。家有女儿，即便是炎热的天气里，妈妈最好也要衣冠整齐，这样才能为女孩营造良好的家庭氛围，潜移默化地影响女孩，使女孩尽早懂得男女有别，保护自己的隐私部位。

进入青春期，抓准时机探讨恋爱问题

　　青春期的孩子正处于情窦初开的年纪，很容易陷入爱情的旋涡，成为爱情的俘虏。其实，这根本不是真正的爱情，很多饱经沧桑的成年人尚且不敢自称懂得爱情，更何况不谙世事、情窦初开的小孩子呢？但是，小小年纪的孩子，真的会以为自己已经懂得了爱情的真谛，甚至在情不自禁之时偷尝爱情的禁果。在抚养孩子的过程中，女孩妈妈对于早恋的担忧，远远胜过男孩的妈妈，毕竟女孩因为早恋受到伤害的可能性更大。那么，如何预防青春期孩子早恋呢？

　　其实，孩子早恋有一个很隐秘的原因，那就是父爱或母爱的缺失。有的孩子之所以一进入青春期就急急忙忙寻找爱情，是因为他们在生活中没有得到完整的父爱或母爱，对于异性感情异常渴望。无数事实告诉我们，那些与爸爸或妈妈关系亲密、得到充分父爱或母爱的孩子，对于异性的渴望程度会大大降低。他们享受着父爱或母爱，因而不会对异性产生特别的反感或好感，而只是将异性当成正常的社交对象。因此，要想有效预防孩子早恋，爸爸或妈妈应该给予孩子更多的关爱，让孩子在感情上更充实，也更有安全感。

小梦在初二的时候早恋了。当妈妈发现的时候，小梦已经早恋了一段时间，男孩和小梦是同班同学。毫无疑问，这对于妈妈是巨大的打击，她不明白小梦为何迫不及待地要谈恋爱。但是事情既然已经发生，强制小梦终止恋爱显然是不可能的，妈妈尽管心急如焚，却只能说服自己淡定平静。

一天小梦回家，妈妈问小梦："小梦，班级里有喜欢你的男孩吗？你完全遗传了妈妈的好基因，想当初妈妈像你这么大的时候就有人追了呢！"妈妈抛出了橄榄枝，小梦完全不明就里，突然就害羞地笑了。妈妈趁此机会问："是不是有男孩追你啦？告诉妈妈他的情况，好吗？"看到妈妈并没有像大多数妈妈一样把早恋视为洪水猛兽，小梦逐渐放松了戒备心理，和妈妈说起了那个"他"。

妈妈和小梦聊了很长时间，最后问小梦："小梦，你能告诉妈妈你为什么要早恋吗？妈妈虽然一直觉得你是一个成熟的孩子，对于很多问题都有主见，也已经想得比较明白透彻，但说实话，妈妈对你早恋还是感到挺惊讶的。"

这时，小梦突然伤心起来，说："妈妈，自从你和爸爸离婚后，我好几个月才能见到爸爸一面。虽然你把我照顾得很好，但我还是觉得少了些什么。我需要安全感，很多时候看到其他孩子有难题就找爸爸，你不知道我有多羡慕。"

小梦的话使妈妈红了眼眶，的确，婚姻破裂带给孩子的伤害太大了。

单亲家庭的孩子，特别是缺少父爱或母爱的孩子，更容易走入早恋。女性通常缺乏安全感，也总是追求安全感。就像小梦一样，因为家里只有妈妈，爸爸不在身边，她的内心觉得有所欠缺，潜意识里会希望有一个异性来疼爱自己、保护自己、照顾自己。

此外，由于工作或其他不可抗原因，很多家庭中都会出现"空巢父亲""隐形父亲"的情况，这也会导致孩子因为心中感情缺失而对于恋爱提前产生憧憬，甚至迫不及待地想要拥有爱情。

　　总而言之，妈妈如果不得已结束婚姻，也不要因此把对孩子的爱画上休止符。在孩子成长的过程中，任何物质上的富足都无法弥补他们在感情上的欠缺，妈妈不能单纯地以物质来弥补孩子，而要保证孩子在成长过程中得到足够的爱与关照。只有这样，孩子才能学会爱惜自己，懂得什么才是真正的爱和责任。

　　家有青春期孩子的妈妈心中总是紧绷着一根弦。一旦提起孩子结交异性朋友，很多妈妈马上就会表现得如临大敌。其实，孩子与异性交朋友是一件很正常的事情，妈妈根本不必神经过敏。就像女人在步入职场之后，会和不同的男性打交道一样，孩子在进入学校之后，也必然会与异性同学打交道，这是同学之间的正常社交，无可非议。如果妈妈在孩子的异性关系上表现得过于敏感紧张，常常会招致孩子的逆反心理，往往会产生适得其反的效果。

　　有些孩子不像以前那么单纯，身体因为营养充足而发育得更早，心理也因为接触的资讯更多、更全面而变得越来越早熟。在这种情况下，早恋已经成为让很多妈妈头疼的问题。要想成功教养孩子，妈妈就要学会正确面对和处理孩子的早恋问题。

　　妈妈要做的是先于孩子正视早恋问题，因为只有学会面对，才能找到正确的方法。实际上，依靠强制监管的方式制止孩子早恋，不能从根本上解决问题。妈妈不可能一天24小时跟着孩子。哪怕上学放学都接送孩子，孩子如果想早恋，还是可以的。从青春期走过来的妈妈应该知道，不管是写情书，还是写纸条，都是早恋最美好且便捷的方式。因此，从这个角度而言，早恋是防不胜防的。

　　那么，到底如何才能顺利地解决孩子的早恋问题呢？

　　首先，妈妈要端正心态，意识到孩子早恋并非洪水猛兽。实际上，只要妈妈不过于紧张，孩子也许并不会把早恋当成特别重要的事情，只要等到过了那个时期，就会感觉到早恋的幼稚，主动把更多精力和时间用于学习。

　　其次，妈妈要与孩子平等沟通。实际上，青春期的孩子已经可以与妈妈进行平等、有效的沟通了。关键在于妈妈要把孩子当成平等的个体来对待，而不要一旦涉及早恋问题，就对孩子大发雷霆。当妈妈能够心平气和地与孩子探讨恋爱和感情的问题时，相信孩子也会更加信任妈妈。只要妈妈的观点不偏激，站在理解孩子的角度提出建议，相信孩子也不会盲目地与妈妈对着干的。早恋的问题说大也大，说小也小，只要处理得当，就能顺利解决。

最后，要帮助孩子树立正确的恋爱观，这不但对预防孩子早恋有帮助，对孩子的婚恋观也有很大的好处。很多青春期孩子之所以因为早恋受到伤害，就是因为他们抱着飞蛾扑火的态度面对恋爱。他们需要学会如何爱自己以及爱他人。只有先学会爱自己，才能够学会爱他人。明智的妈妈不会为了发泄自己对于孩子一时的不满，就把孩子彻底置于自己的对立面。

作为妈妈，如果能与孩子并肩而立，孩子怎么会不愿意信赖妈妈呢？告诉孩子，恋爱是自由的，也是能够得到妈妈尊重的，孩子就会向妈妈敞开心扉。在此基础上，再引导孩子在恋爱中保护好自己，而且也要彼此激励，从而成就更美好的人生，相信孩子一定不会对妈妈的话置若罔闻。

此外，还要帮助孩子树立远大的人生理想，让孩子把爱慕的对象作为并肩作战的战友，引导孩子和对方一起为了美好的未来而奋斗，这样的早恋也许非但不会对孩子造成伤害，反而会使孩子更加有勇气地面对未来。

明智的妈妈知道不能过多干涉孩子的交友问题，否则会引起孩子的反感，因而她在发现孩子与异性朋友相处时，会采取顺其自然但不放任的态度，告诉他们朋友的定义、界限，什么样的人才是真朋友。这样才是值得妈妈借鉴的正确做法，才是处理孩子青春期交友问题的最好办法。

花蕊正在读初三，有一天妈妈偶然发现花蕊在放学的路上一直都和一个男生相伴而行，说说笑笑，直到小区门口才分开。从他们亲密交谈的样子来看，妈妈推断他们不是普通的同学关系。

妈妈的第一反应是要立即制止花蕊早恋，但是她冷静下来一想：假如花蕊没有早恋，因为自己的刻意警告，反而可能动起早恋的心思呢！思来想去，妈妈决定冷处理。

接下来的日子里，妈妈总是有意无意地说起关于早恋的问题，而且经常赞扬花蕊是个乖巧懂事的孩子。妈妈对花蕊说："我的女儿最乖了，学生时期就该把重心放在学习上，未来你得到的会比现在多很多。"

花蕊点点头说："当然，我心里有分寸，您就放心吧！"

得到花蕊肯定的回答，妈妈说："我们办公室里的人都羡慕我有个乖巧听话的好女儿呢！"

在妈妈的旁敲侧击下，花蕊有所收敛，也知道了要把自己和男同学的关系控制在纯粹的友谊范围内。

妈妈很聪明，她知道如果直接反对花蕊早恋可能会误解花蕊，那么花蕊在遭到误解的情况下，可能真的会一气之下早恋给妈妈看。不过，当妈妈给予充分的信任时，花蕊是不会那样做的，她是个乖孩子，知道妈妈辛辛苦苦供养她上学不容易。就这样，妈妈善意的提醒让花蕊懂得了与异性交往的原则和尺度。

要想让青春期的孩子变得顺从，强制是不可取的手段，唯有循循善诱，妈妈才能如愿以偿。对待早恋这个问题，妈妈当然不应该纵容孩子，但是也不必过于把早恋当成大事，而是要摆正心态。毕竟在平常心之下，很多危机都会在不知不觉中度过。

良好的性教育，避免孩子误入歧途

　　中国是个拥有传统文化的国家，很多人都谈"性"色变，很多妈妈更是无法开口和处于青春期的孩子谈论性的问题。但是，如果有一天妈妈突然发现十几岁的孩子竟然对性知识一无所知，受到了坏人的伤害，难道不会懊悔自己没有提前对孩子进行性教育吗？

　　妈妈们必须醒一醒，正视孩子的成长速度和社会现状，别让孩子始终处于"性无知"或是对性一知半解的状态，以免他们不知道如何保护自己。因为孩子一旦犯下这方面的错误，后果往往使人难以承受。所以，对青春期的孩子进行性教育迫在眉睫，每一位负责任的妈妈都要把这项教育提上日程，千万不可一拖再拖，以免酿成大错后追悔莫及。

　　作为孩子的妈妈，从小就应该教育女孩尊重和爱惜自己的身体。在孩子三四岁时，妈妈就要教育女孩保护自己的身体，除了妈妈之外，不要在任何人面前裸露自己的身体。不要觉得孩子小，还不懂事，妈妈一定要坚持教育。在女孩进入青春期之后，妈妈更是要肩负起性启蒙教育的任务，让女孩学会有效保护自己，避免受到伤害。

面对性犯罪案件，妈妈也要提早教导女孩，万一遇到状况，应当如何从行动和法律上保护自己，而不要让无知产生的羞耻心对女孩造成二次伤害。

凡事防患于未然，远比事后补救更好。妈妈唯有端正态度、正视性教育，才能有效保护孩子，这才是真正对自己的孩子负责任。

对孩子的性教育势在必行，然而很多传统的妈妈似乎还是不好意思和朝夕相处的孩子谈起这个尴尬的话题。当然，对女儿进行性教育，通常情况下都是妈妈的任务。对于有些特殊的家庭而言，有心的爸爸也许会把这个任务揽在自己身上。

那么，哪些时机适宜对孩子进行性教育呢？前文我们说过，要想对孩子进行生理卫生的教育，就要先给孩子做心理铺垫，让女孩坦然地迎接初潮的到来。实际上，初潮到来之际，就是妈妈进行性教育的最佳时机。因为女孩初潮的到来意味着女孩开始第一次排卵，从此以后就成为一个真正的女人了。不管是从时机的角度而言，还是从实际需要的角度考虑，妈妈都应该趁此机会让女孩意识到初潮的到来对于一个女性的重要意义。

现代女孩除了从妈妈那里得到性教育之外，也会从各种渠道得到零碎的性知识。因此，作为家长，与其和孩子遮着掩着，不如主动找机会对孩子进行系统的性教育，为孩子揭开神秘面纱。例如，逛书店时，妈妈可以借机挑选一本适合给孩子看的性知识书籍。再如，妈妈和女孩一起洗澡时，讲解成熟与不成熟女性身体的区别。

此外，除了妈妈主动找机会对女孩进行性教育之外，有的时候女孩自己也会对女性身体充满困惑。当孩子主动向妈妈求助的时候，妈妈也可以抓住机会对孩子进行性教育，这样一来，孩子因为带着问题在询问，也会更加用心倾听妈妈的教诲，妈妈在解答孩子问题的同时，也能够顺利地对孩子进行性教育。此外，妈妈还可以购买一些书籍或是光盘，借助这些对孩子进行性教育，为孩子讲解性知识，达到教会孩子对自己进行性保护的目的。

当然，学校也会开设生理卫生课。当孩子对于课堂上老师所讲授的生理卫生知识已经知晓，而想要了解更多性知识时，妈妈不妨借机对孩子进行性教育。作为妈妈，我们在对青春期的孩子进行性教育时不能扭扭捏捏、欲语还休，而要坦然真诚，以科学的态度及时解答孩子的疑惑，唯有如此，才能保护好孩子。

升入五年级之后，11 岁的女生佳颖与木木成了同桌。木木不但学习成绩优异，而且长得高大帅气，是品学兼优的好学生。渐渐地，佳颖发现自己喜欢上了木木。

佳颖想知道木木对她是否拥有同样的感觉，就上网查询"如何判断你喜欢的男生喜不喜欢你"，一不小心点开了一个奇怪的网页，她隐约觉得这些内容是不健康的，但是强烈的好奇心又驱使着她继续看下去。受此影响，第二天，佳颖向木木表达了自己的感情，但木木由于也对感情很懵懂，不知道该怎么办，于是没有直接给她答复。

当爱意遭到对方的忽视时，佳颖首先想到的不是请教妈妈或老师，而是上网浏览网站，希望借此找到答案。

后来，妈妈在使用计算机时发现浏览记录中有不良网址，于是便生气地问佳颖："你为什么要浏览不健康的东西？难道你不知道这是不对的吗？"

"我也不知道这到底是对还是不对……"佳颖吞吞吐吐地说。

"你是未成年人，不应该看这些东西。"刚说完，妈妈便意识到自己从没有跟孩子谈过这方面的事情，也是自身的失职，于是又说，"佳颖，你是不是有了喜欢的男生了？"

"嗯。"佳颖点了点头。

"妈妈能理解你。妈妈像你这样大，也就是十一二岁的时候，也有喜欢的人，这是很正常的事情。若发现不了异性的美，那才是不正常的呢！爱情和初恋都是很美好的事情，你不要因此觉得羞涩或是有罪恶感。但是你现在还小，那些不良网站里有很多内容是不适合你看的，看了这些以后不利于你的身心健康，而妈妈希望你成为一个充满青春、阳光、活力的姑娘。因为这样的你才配得上你喜欢的男孩，不是吗？"

"知道了，妈妈，我以后不会再看了。"佳颖允诺，并问妈妈，"你像我这么大的时候喜欢的人是我爸爸吗？你又是怎么追上他的呢？"

　　妈妈一边向佳颖陈述自己的往事，一边给佳颖讲解关于性的知识。就这样，性的话匣子在母女之间打开了。

　　通常情况下，大多数妈妈在对孩子进行性教育的时候，会存在许多误区。比如，有些妈妈觉得无须对孩子进行性教育，孩子长大后自然就会懂得。遗憾的是社会复杂，也许等不到孩子对性无师自通的时候，孩子就已经受到伤害了。不对孩子进行性教育，而任由孩子自己了解，这是最传统的教育观点，对孩子是极其不负责任的行为。妈妈要想成为孩子成长的引导者，就要在各个方面先于孩子成长，才能在孩子的成长过程中起到引导作用，对孩子起到更好的教育和保护作用。

　　此外，很多妈妈对于孩子青春期的性冲动，也会采取轻视或者误导的态度。《孟子》中说："食色，性也。"这句话告诉我们，食和色都是人的本能。而色正是人对于性的欲望。所以作为妈妈必须端正对性的态度，意识到性是人的本能，才能以平常心对待青春期孩子对性的渴望。当青春期孩子出现性冲动时，妈妈一定要引导孩子正确面对性渴望，而不是误导孩子，使孩子觉得性冲动是邪恶的、淫秽的，这样必然导致孩子无法正视自己的性冲动，甚至产生负罪感，这对于孩子的生理和心理发育是非常不利的。

为了防止性伤害的发生，妈妈应当向孩子传递这样的观念：性行为本身不是罪恶的，但不恰当的性行为就是错误，除了时间上过早，更为严重的是在强迫、诱导下发生的性行为，已经构成了性伤害，必须坚决抵制。

此外，还有些妈妈觉得过早地进行性教育，反而会启蒙孩子的性意识，导致孩子更早地进行性行为。实际上，这也是妈妈对于性教育的误区之一。孩子的身体发育和心理发育都是不以任何人的意志为转移的，哪怕妈妈从来不对孩子进行性教育，也不能避免孩子在不适当的年龄发生性行为。

总而言之，唯有妈妈端正对性教育的态度，走出性教育的误区，更好地帮助孩子正确地认识性、对待性，才能有效保护孩子，避免孩子受到不可挽回的伤害。

第4章

远离娇惯，教孩子不做依附妈妈的娇嫩花朵

我的孩子，我无法陪你一辈子

　　眼看孩子还小，很多妈妈觉得自己正是体壮之年，很少会思考关于自己老去以后的事情。所以孩子也就顺理成章地把妈妈当成了一把保护他的大伞，怀着一种理所当然的心态，享受着温馨而太平的日子。而作为妈妈，只要孩子说出什么，就会努力地帮助他们去做、去实现，以至于孩子认为，只要妈妈出马，就没有办不成的事情，外面一切的人、一切的事，都得听妈妈的，只要自己受到伤害，妈妈就肯定帮助他。在妈妈看来，就应该始终朝着孩子认知的方向努力，谁让他是自己的心头肉呢？更何况，给他们足够的安全感，是作为妈妈最应该完成的使命。

　　可随着时间一天天地过去，孩子会一点点地长大，当你发现家中的孩子不会洗衣服，不会整理床铺，甚至连厨房都没有进过时，心中是否会在担心，假如有一天我老了，他还是现在这个样子，该怎么生活呢？

面对眼前的孩子，我们恨不得拿出自己百分之二百的爱，可当我们有一天因为身体的衰老，真的爱不动了的时候，他们有能力照顾好自己吗？能像我们照顾他一样照顾我们吗？想到这里，越是看到他们依赖的眼神，就越是为他们的明天担忧。

所以，不如适时地找个机会问问孩子这样的问题吧！"假如有一天妈妈不在了，你该怎么办？"看看他的答复是什么样的。假如他可以自信满满地说："妈妈，你们放心吧，你们在不在都没有问题，我会照顾好自己的。"如果是这样，至少我们在精神上可以安心。但假如他忽闪着眼睛，快要哭出来地说："妈妈不要离开我，要不我后面都不知道怎么办。"那作为妈妈的我们，心肯定提到了嗓子眼。我们会因此而紧张，不知道怎样预先安排孩子的一生，这样会让自己离开的时候更不放心。

曾经有一个笑话，说的是一个孩子过分依赖妈妈最终饿死的故事。

从前有一个小孩子，他非常依赖妈妈，什么都让妈妈操持，自己根本不动脑子。每天妈妈给他做什么他就吃什么，吃完了就到一边去玩，每天过得相当开心。

忽然有一天，妈妈要到很远的地方照料生病的祖母，不能带上他一起去。为了解决他的吃饭问题，妈妈烙了一个大大的饼，套在他脖子上，告诉他："这张大饼够你吃一个星期的，只要饿了就吃饼，等妈妈回来给你做好吃的。"

"嗯，好的。"

于是，妈妈放心地去了。

一个星期后，妈妈回来了，打开门一看，孩子瘫倒在地上，已经饿死了。脖子上那好大的饼，只吃了嘴巴下面的一点点，他都不知道用手去转转大饼。

当然，这个故事有些夸张，却着实让作为妈妈的我们感触颇深，有些时候孩子惰性养成的原因不一定全在他们自己，更多的原因可能是爸爸妈妈的娇惯。曾经有个孩子就说："那会儿我很想学做饭，可从我动手的那一刻起，妈妈就在那里指指点点，一会儿告诉我先干这，一会儿告诉我要干那，我的脑子一下子乱七八糟起来，这时候她叹了口气，把一切接管下来，自己弄去了。这么一来，我知道我学做饭无望了，也就不愿意再学做饭了，既然她觉得她做饭好吃，那我就去做那个吃饭的不就行了吗？"

作为妈妈，要想让孩子早日独立，在长大后拥有独当一面的能力，首先要做的就是将孩子对自己的依赖转变成依恋的关系。

依赖的意思是依靠别人及事物而不能自立或自给，而依恋更多的是彼此之间的爱和关心，是一种孝顺关爱的亲子关系。

我们要让孩子明白，妈妈不是万能的，是会变老的，那个时候不但帮助不了他，反而还需要他的照顾。绝对不能过分地依赖妈妈，只有努力让自己的心智成熟起来，学会帮助妈妈分担，学会独立思考，把自己的事情做得井井有条，成为一个不让妈妈操心的好孩子，才能在长大以后更接近成功。

学会独立思考，才有能力分辨是非

女儿："妈妈，去动物园不过两站地，为什么还要坐车？"

妈妈："你不是想快些看到狮子和小猴子吗？"

女儿："我想一边看着它们，一边享受雪糕那清凉的感觉。"

妈妈："那到时候妈妈给你买一根。"

女儿："那如果是这样的话，你看这样好不好？我们溜达着过去，用省下的车票钱买两根冰棍，在看狮子和小猴子的时候吃。等到咱们看累了，再拿节省下来的买冰棍的钱坐车回家，怎么样？"

妈妈兴奋地问："哎！乖女儿，你怎么想到的？"

女儿得意地说："这不是很简单的一个逻辑吗？从你让我看的《时间管理法》中看到的。"

有时候孩子就是这样，虽然平时话并不多，但时不时的一个建议就能给你出其不意的惊喜。在生活中，很多孩子内心有着对这个世界各种各样的问号，他们渴望找到答案，尤其是渴望用自己的想法去破解其中的奥秘。作为妈妈，我们的很多想法可能未必有孩子那么正确，可很多妈妈却偏执地认为自己的想法才是最好的，对孩子的想法一再忽略。

作为妈妈，我们应该从小锻炼孩子独立思考的能力，并让他们用自己的智慧解决身边的问题。从现在开始尝试着转变自己的角色吧，把自己从一个命令者的角色转变成建议者的角色，用心去倾听孩子的想法，并对他们的建议保持尊重，然后以友好的态度提出自己的一些建议，最终把做不做的决定权交给孩子。这样他们会觉得自己是可以做主的，可以开动脑筋，利用自己的智慧去解决身边的所有问题。

生活中很多妈妈都会经历类似的事情，一回到家，孩子就跟在自己屁股后面转，问东问西，好像肚子里装着十万个为什么。而当我们被问烦了的时候，就会说："自己去找，自己去网上搜。"这话虽然听起来带着情绪，但事实上我们确实应该引导他们自己去寻找答案。而这些自己学到的知识一定会印象深刻，最终成为他们的工具，帮助他们解决更多的问题。

曾经有一个妈妈在微博上分享：

和别的孩子一样，我家的姑娘也是性格活泼，从她学会说话开始，就好像有问不完的问题，起初我还能应付，后来真的不知道怎么回答才好。比如：天上的星星为什么会亮？为什么树叶是绿色的？好吃的为什么要用火烤？埃及的金字塔里到底埋藏着什么样的宝藏？美国的总统为什么那么有权力？第三次世界大战什么时候开始？

哎呀！说真的，这些稀奇古怪的问题我真的不知道怎么回答，每次下班回来已经很累了，真的懒得理她这些乱七八糟的事。于是我建议她："去网上找吧，网络是最好的老师，它是万事通，以它为工具你可以打开一个不一样的世界。"于是她真的开始在网上寻找答案了。慢慢地跟我讨教的问题越来越少了。女儿每天在网上搜来搜去，直到有一天家里发生了一件事，让我真的对家中的这个小姑娘刮目相看。

有一次家里来了个很有学问的客人，他看着女儿问："曾经有一位名人说：'自己不是在咖啡馆，就是走在去咖啡馆的路上。'你觉得他在说什么？"女儿想了想说："他应该在说人生吧，不是已经实现了目标，就是正走在实现目标的路上。我觉得他是这个意思。"客人惊讶地问："为什么呢？"女儿回答："您看，咖啡馆是目的地吧？坐在咖啡馆就是到达了目的地，走在去往咖啡馆的路上就是正在去往目的地的路上。而这位名人很专注，就一个目的地，说明他的目标很明确，就是要把这一个心中的大目标彻底实现。所以他才这么说。"听了女儿这么说，客人对她的独立思考能力大加赞赏。

说实话，当时听到女儿分析的我也很惊讶，看来现在的孩子都了不得，是我以前低估了她的智慧。

人的思考能力是自己能够控制的东西，正确的思考意味着正确的行动，作为妈妈，假如想让孩子有一个成功的未来，就应该从现在起，让他沿着一代代成功者的脚步，不断锻炼他们独立思考的能力。

让孩子从小就明白一个道理，尽管这个世界充满挑战和难题，但只要自己灵活地运用智慧，不断地尝试，不断地探寻，这一切都会迎刃而解。这个世界上每一个有意义的构思和想法都来源于思考，是思维的力量支撑起了我们的整个人生。只要孩子可以不断地运用思维的力量，就能让自己越来越强大，越来越成功。

不娇惯，培养孩子独立性格

孩子 A："你未来想做什么啊？"

孩子 B："我也不知道，我爸爸说只要好好学习，未来的路他会帮我设计的。"

孩子 A："啊？那你自己就没有想法吗？"

孩子 B："动那脑子干吗？他们愿意管就让他们管去呗。"

孩子 A："那明天的学生聚餐联谊活动，你准备了什么拿手好菜啊？"

孩子 B："嘘，别告诉别人，我准备让我妈妈代我做，我还有好多其他事要做呢。"

孩子 A："什么事？"

孩子 B："看漫画啊，听音乐啊，好多呢！要热爱生活啊。"

孩子 A："你在家真的只做这些，其他的什么都不做啊。"

孩子 B："是啊，爸爸妈妈说什么都不让我操心，只要我好好学习就行了，剩下的他们来搞定。"

孩子 A："那总有一些事情是你爸爸妈妈搞不定的吧！那怎么办呢？"

孩子 B："那就不做呗，只做他们能搞定的不就行了？就这么简单。"

以上这个对话是两个小孩子私下里的交流，作为妈妈，不知道听到这一切你作何感想。现在很多小孩子都活在蜜罐里，过着衣食无忧的生活，感受不到任何生活的艰辛，被妈妈捧为掌上明珠。在他们的意识里，所有的事情妈妈都会帮自己搞定，而自己只负责学习和玩耍就行了。

不可否认，每一个妈妈都是爱孩子的，这种爱让她们心甘情愿地为孩子做任何事情，所以现实中就出现了孩子还没想到妈妈就已经做到的情景。走在大街上也经常能看到孩子放学轻松地跑在前面，妈妈背着书包在后面跟着，偶尔有些孩子还会回过头来喊一句："妈妈，你为什么不快点啊？"这样的情景让人看了真是感慨良多。而且，退一步讲，不是任何事情我们都能搞定的，尽管我们努力地在孩子面前假装强大，有时还真是无能为力呢。

西方的教育，其中很多地方真的很值得当下的家长借鉴。在西方，很多妈妈从小就教育孩子要对自己所做的一切负责，他们给孩子绝对的自由，让他们自己去处理自己的事情。假如西方家庭一起出行，我们会看到与中国家庭截然不同的行李分配方式。不管要走多远的路，小孩子到了一定年龄，妈妈就会给他一个小包，让他背自己需要的东西。这无形中让孩子从小就意识到，自己是一个独立的个体，完全有能力解决好自己的问题。

西方家庭这样的教育引导，必然会促进孩子不断地开动脑筋对自己进行规划，想办法攻克人生道路上的各个难关。而当下的很多中国家庭则正好相反，他们总是为孩子的未来忧虑，总是害怕他们缺少这缺少那，却忽略了他们可以独立解决问题的能力。最终，一点点地淡化了家中孩子独立处理问题的欲望，很多孩子都慢慢适应了活在妈妈的规划中，而忘记了究竟自己想成为什么样的人。

作为一个孩子，从很小的时候就应该有自己的梦想了，而实现这个梦想的每一步，重要的不是家长的规划，而是他们自己的努力。真正适合孩子的教育，不是妈妈把他紧紧地抓在手里，捧为"掌上明珠"，而是应该放开手，让他们自己去思考，自己去尝试，自己去辨别自己想法的真伪对错。

在这个过程中，作为妈妈的我们所扮演的仅仅是个助手，我们可以提出一些自己认为正确的建议，但要把决定权留给孩子，因为我们应该明白，永远被别人左右的人生是很悲惨的，想让孩子拥有属于自己的未来，就要让他们自己意识到自身的价值和存在。

可以温顺，但不能没主见

我们知道，男孩与女孩不同的生理特征决定了他们性格的差异，女孩相对于男孩来说更娇弱一些。也正因为如此，有很多妈妈对女孩倍加照顾和呵护，在教养女孩的过程中也没有要求她们像男孩一样有责任、有担当。其实，女孩越胆小怕事，妈妈就越应该多多锻炼她们，从而帮助她们的身体和心理都茁壮成长。否则，女孩就会像温室里的花朵一样弱不禁风。

人的胆量都是锻炼出来的，也许孩子出生之后很胆小，但是只要妈妈有意识地锻炼孩子的胆量，他们就会变得越来越独立自主，最终可以独当一面。相反，如果因为孩子胆小，妈妈便对其过度保护，那么孩子就会更加胆小怕事，不敢面对困难，最终成为怯懦的人。

要想让孩子变得坚强自立，妈妈首先要学会放手，给予孩子更广阔的成长空间，创造各种机会让孩子得到锻炼。

这个世界上百分之八十的成功者都在做自己的主人，做自己想做的事情，从来不会被外界的干扰所动摇。

曾经有这么一个故事，说有一瓶甜美的罐头，但就是打不开，多少人尝试都没成功，只有一个男孩始终坚持，试了一次又一次，当别人都放弃了的时候，罐头却在他手里轻松地打开了，只有他尝到了甜美的罐头。事后他告诉身边的人："我坚信，我能想出打开罐头的方法，我肯定能够吃到里面的好吃的，只不过是时间长短的问题，在这件事上，我从来没有怀疑过。"

一切就是这么简单，开启孩子强大心灵的密码，就是"主见"二字。有主见的孩子是可爱的，他们从一开始就知道自己要做什么，并精心地对所要做的一切进行筹措计划。他们会不断地问自己很多问题，并在落实答案的过程中不断细化内心的向往。他们会果断地实践，用自己的双手缔造出属于自己的心灵城堡。而这一切源自他们从小的一种历练，在他们眼中靠自己大脑解决问题是一件非常刺激的事情，也是一件非常有成就感的事情。尽管中间会遇到层层的困难，但这恰恰是对自己的一项考验。这个世界上，有主见的人永远是王者。作为妈妈，假如我们渴望让家中的孩子融入王者的乐园，就赶紧开始锻炼他们过硬的主见特质吧！

孩子天生就应该具备一流的判断力，这种判断力的培养可以帮助他们做好生命中的每一个决定，当别人还在迷茫中不知所措的时候，他们已经为自己选择了道路，并知道自己毕生的目标在哪里，这是件多么难能可贵的事情。谁说孩子的心脆弱如水？他可以是广大的、辽阔的，足足可以装得下整个世界，而他们内心所畅想的一切，也必将成为这个世界上的点睛之笔。

曾经有一个父亲在与女儿交流之后，用文字记录下了自己的感慨：

说实话，如果不是偶然与女儿交流，我永远不会想象到她的世界是那么博大，一个不到 10 岁的孩子，像一个小大人一样与我交流，畅谈未来，交流计划，我简直不敢相信，那就是我的女儿。

这天女儿在客厅看电视，我凑过去问："宝贝，别总是看电视，有没有想过，你长大以后会干什么？"

"你想知道吗？"女儿眨巴一下眼睛问。

"当然，聊聊吧。"我说。

"好吧！我告诉你，我想当一个优秀的剧作家。"女儿说。

"那文笔要相当好啊！"我说。

"何止是文笔，还需要非常丰富的想象力，你知道吗？假如我的大脑是一部摄像机，拍出来的画面比现在世界上任何一部科幻影片都精彩。"女儿说。

"那你准备怎么成为想象中的人呢？"我问。

"嗯，首先是看书、看剧本。想象一下吧，我现在还很小，当我成年的时候，我已经看了无数的小说和剧本、无数的成功剧目，丰富、充实的资本会让我内心富足，更有想象力，镜头把握得也更加炉火纯青。"女儿说。

"那么然后呢？"我继续问。

"我会报考专业院校，进行深入的学习，学习真正过硬的知识和实际操作的技巧。当然啦，我还能认识很多朋友，这些人都会成为我的人脉，成为我未来成功的可靠保障。"女儿说。

"听起来不错，还有吗？"我接着问。

"毕业以后，我会找一家适合自己学习剧本创作的企业，然后从基层做起。我找的这家企业人不会很多，这样我就可以参与其中的各个项目，使得实操经验越来越丰富，从而熟悉剧本创作的整个流程。"女儿说。

"说得好，还有什么？"我问。

"之后我会跳槽到大公司，再将自己的技能专业化、系统化，确定自己能挑大梁的实力。之后我就要做自己的事情了。我要写出令自己满意的作品，我的作品会成为电视上炙手可热的经典剧目，然后凭借一点点的努力走向世界，让全世界的人都爱上我的剧。"女儿得意地说。

听到了这一切，我心里真的既兴奋又惊讶，小小的孩子，她到底是从什么时候开始想到这一切的呢？回忆自己小的时候，那真是惭愧，那个时候的自己还在傻玩，可家中的这个小姑娘却已经可以清晰地规划好未来，宛如她就是因此而生的。我开心地看到了她有主见的一面，也鼓励她一定要加油，或许在我还没有那么老的时候，我的女儿已经成功了。

看了上面父亲的一段记录，不知道身为母亲的你有没有过坐下来和家中的孩子好好聊聊关于自己前途的问题呢？或许很多时候我们真的低估了孩子的能力，尽管他们平时很少会谈论自己的想法，但是假如我们愿意倾听，一定会有很多惊喜的发现。

旭旭是个非常温柔腼腆的孩子，胆子很小，从小在妈妈的呵护下长大，从未经历过生活中的风雨。然而，随着年岁的渐长，旭旭开始读小学了，妈妈不能再像以前那样寸步不离地保护他了。

有一天，旭旭哭着回到家中，告诉妈妈："妈妈，班里的子玉总是欺负我。他下课的时候乱丢我的书，上课的时候还偷偷在我后背上写字，把我的衣服都弄脏了。"

看到儿子哭得梨花带雨的样子，妈妈很心疼，但想到自己不可能永远保护在他的身边，于是就对旭旭说："乖孩子，你长大了，和同学之间的矛盾不可能一直让我们帮你解决。即便你这次求助于我们了，那么下次子玉还有可能会欺负你。所以，你要学着自己解决问题。你可以严肃警告子玉，还可以告诉老师，总之就是要你自己想出办法来解决问题，妈妈相信他以后再也不会欺负你了。试一试，好吗？"

旭旭当然很害怕，但是面对坚决不帮忙的妈妈，他也只能自己试一试。次日，他并没有找老师帮忙解决问题，因为对于胆小的他而言，找老师也是很艰难的任务。不过他又无法忍受被子玉欺负，最终他狠狠地对子玉进行警告，告诉他再这样就会告诉老师。

果然，真的如妈妈所说，子玉再也不敢欺负旭旭了。

人们常常用"温柔似水"来形容女性，因此，妈妈在培养女儿的时候，也总是希望女儿能够温柔可人。当然，温柔是女性美好的品质之一，但是现代社会已经对养育女孩提出了不同的要求。女孩只有温柔远远不够，还要从小养成勇敢坚强的品质，学会毫不畏惧地面对将来可能遇到的艰难险阻。

孩子要有个性、有主见，也要有能力、有水平。孩子可以温柔，但是不能软弱，面对一些情况，孩子只有表现出自己的气势，才能更好地发挥自己的实力，维护自己的权利。

可可是个内向胆小的孩子，说话既温柔又小声。小时候妈妈觉得可可很安静、很听话，但是等到可可上了高中，爸爸妈妈才意识到他的性格过于软弱。比如高中文理科分班的时候，可可原本特别喜欢文科，但因为妈妈想让他学理科，他就放弃表达自己想法的权利，顺从妈妈报了理科。

后来，妈妈意识到可可学习理科很吃力，学习成绩也一落千丈，这才反省要让可可自己重新选择。当妈妈主动提出让可可调到文科班时，可可委屈地哭了起来，告诉妈妈他原本就是喜欢文科。妈妈大吃一惊："可可，你这么喜欢文科，为什么不早点说呢？"

可可边抽泣边说："我不想让你们不高兴。"

爸爸心疼地说："傻儿子，这有什么不高兴的呀。你选择文科还是理科本来就应该由你自己来决定，即使是爸爸妈妈也不能强迫你。"

后来，妈妈又有好几次发现可可不会拒绝别人，性格有点软弱，终于意识到问题的严重性。毕竟可可这样的性格如果走入社会，将来一定会吃很多亏，也无法维护自己的利益，取得更好的发展。从此以后，妈妈就开始有意识地培养可可的主见，教可可学会拒绝别人。

作为孩子，温柔固然惹人喜爱，但是涉及原则问题就不能退让妥协。归根结底，孩子长大后要步入社会，承担社会责任。所以，妈妈要告诫孩子，成长为现代青年后要与时俱进，勇敢追求自己想要的东西，以取得更大的进步和成功。

作为孩子，在任何时候，面对任何人，都要听从自己的内心。如果一个人连自己内心最本真的想法都不能坚守，那么所谓的温柔也会变成怯懦的代名词。

如果妈妈总是帮助孩子解决问题，那么孩子在妈妈的庇护下永远无法真正长大，更不可能变得坚强独立。因此，妈妈在正面管教孩子时，为了培养勇敢的孩子，妈妈一定要坚定态度，在孩子受欺负寻求帮助的时候，教会孩子自己独自面对。很多事情都是一回生二回熟，当孩子能够成功维护自己的权益时，相信未来他也会变得越来越勇敢。

从某种意义上来说，作为妈妈一定要狠心，必要的时候"逼迫"孩子变得坚强勇敢，勇于面对一切困境。

告诉孩子要认真对待每次选择

人生的旅途中每个人都会面对各种各样的选择，选择对了，满怀微笑；选择错了，一脸无助。这样的事情在纷繁复杂的世间比比皆是。生活中我们常常会听到有人说："假如当初我选择这个职业，恐怕现在已经成为了一个相当不错的高管了。""如果那时候不听妈妈的，报我喜欢的院校和专业，那么现在也不至于会落到这样的田地。"是啊，多少人因为在人生重要关头草率地做出选择而后悔不已，饱受的痛苦也可想而知。

有这样一首家喻户晓的歌叫《小小少年》，里面唱的内容大概是这样的：

"小小少年，很少烦恼，眼望四周阳光照，小小少年，很少烦恼，但愿永远这样好。一年一年时光飞跑，小小少年长得高，随着年龄由小变大，他的烦恼增加了。"

之所以烦恼多了，是因为要选择的事情多了，随着年龄一天天的增长，要选择的事情越来越关乎自己的未来，而作为一个孩子与其到那个时候再烦恼，再四处去求助，不如从小就为自己的事情拿主意，养成一种对自己负责的好习惯。

从某种角度来说，这样早期的小烦恼是很有必要的，它可以帮助孩子开动他们的脑筋，从选择吃芒果还是香蕉开始，再到答卷上的 ABCD，当然还有早上起来第一件事要做什么，再到选择什么样的理想方案，报考什么样的学校，选择什么样的夏令营，一切一切的选择都是孩子对自己心灵的一种尊重，一种不断自我强大的成长。

曾经去过一个朋友家，交流中我注意到她家中那可爱的小女儿，冰雪聪明的她一边查着英文字典，一边填写着自己出国夏令营的签证表格。当时心里真的很惊讶，这么小的小姑娘，一旦自己写错了怎么办？可是朋友却一点儿都不紧张，说："去夏令营是她自己做的决定，自己做的决定就要每一件事情都由自己完成，我能陪她多长时间？总有一天她必须料理起所有自己的事情，这是她必须为自己的选择所承担的，现在就是要从小锻炼她这种对自己负责的习惯，认真做好生命中的每一个决定，知道自己在做什么是相当有必要的。"

朋友还说现在她们经常开家庭会议，不论大人小孩儿都可以把自己最近决定的事情说一说，假如想让家里提供相应的资金支持，更是要将自己制订的全面的设计方案和申请初衷完整地表述出来，如果家庭成员有不同的疑问，也需要予以妥善的解答，并认真地告诉对方自己所做决定的原因以及自己坚持决定的信心。之后家庭成员会针对问题予以讨论，从资金支持的数额，到之后必须收获的回报，全部都要写好，并由申请者签字，下款还要明确地写上："我会坚持我的选择，并对我的选择承担一切后果。"

朋友很轻松地说："我并不担心未来我的女儿会出现什么问题，因为自主做出选择是她从小锻炼出来的，尽管开始的时候并不是那么熟练，有些选择也是以失败告终，但当她总结经验、整理思路轻装上阵的时候，我总是感觉她的未来一定是充满希望的。每次听到她自信满满地说出自己选择的道理，我心里总是燃烧着说不出的喜悦，虽然我不知道她明天确切的样子，但我相信她一定是最优秀的那一个。"

听了这样的家庭教育模式，首先感觉很平等、很有趣，而后慢慢觉得，这样专业性的思维逻辑培养对于一个孩子来说是多么大的财富啊。从小就有这样富有条理的选择思维模式，并清楚地认识到自己会对自己的选择负责，这不但是对自己选择的尊重，更是在不断培养和强化自我的信心。

作为妈妈，谁也不能保证自己能够陪伴孩子一辈子，但是当我们清楚地知道他们已经完全可以做好生命中的所有选择，可以对自己生命中发生的一切负责的时候，当他们可以用百分之百的理智付出行动，并无悔于自己的人生时，我们的心就可以轻松地放下，因为我们知道，这样的孩子，不管走到哪里，他们都是最优秀的。

养成持之以恒的好习惯

王安石笔下的方仲永，天资过人，六七岁就能够吟诗作文，别人指物要他写诗，他片刻工夫就能完成，并且诗的文采和道理都可圈可点。一时之间，方仲永声名鹊起，十里八乡的乡亲争相邀请他父子二人去家中做客，并送礼求诗文。

方仲永的父亲见有利可图，就不让他学习了，每天带着他四处拜访县里的达官贵人。可方仲永十二三岁时，王安石让他作诗，他写出来的东西就已经非常平庸了，等到了20岁，方仲永已经泯然众人矣。

学习，需要持之以恒，才能开花结果。再聪慧的孩子，如果中断了学习，先前的才华也只能是昙花一现，并不能成为受用一生的资本。

然而，孩子的好奇心比较重，见什么都喜欢，见什么都想学，却又常常不能持久，往往是刚一深入就很快觉得没劲，想放弃了。学习如果缺乏恒心，知识就无法得到巩固，一再半途而废，必然一事无成。所以，从小有意识地培养孩子持之以恒的学习习惯，是我们必须要做的事情。

在这方面，有一位做老师的妈妈做得非常好。

星期天，这位妈妈带着女儿去同事家做客，女儿觉得阿姨家的钢琴挺好玩，于是回家的路上告诉妈妈，自己想学钢琴。她之前曾学过绘画，但耐性不够，并没能坚持下来，鉴于此，妈妈一开始并没有答应她。不过，她常带着女儿去看别的孩子练钢琴，让她先感受一下练琴时的枯燥和辛苦，让她认识到：练琴必须要有耐性和吃苦精神。

除此以外，这位妈妈还给女儿讲了郎朗、无臂钢琴手刘伟排除万难坚持练琴的故事，并给她列举了很多名人持之以恒才获得成功的事例。然后告诉她，如果想像钢琴家一样弹出优美的旋律，是需要付出超常代价的，如果想学习钢琴，就必须坚持不懈，不能苦了累了就"罢工"，遇到困难就退缩。这位小朋友考虑了一下，答应了妈妈的要求。

为防止半途而废的情况再次发生，这位妈妈首先以身作则，坚持和孩子一起去学习钢琴，晚上练琴的时候，她都在女儿身旁鼓励她坚持，遇到难度高的曲子，她还和女儿一起练，和女儿比赛，看谁能够先学会弹奏。比如，学到四手联弹时，这位妈妈就和女儿比谁的手形更好看，谁的音阶和节奏更准；学习弹奏歌曲时，她就让女儿边弹边唱，而她则在一旁为女儿评分，给女儿一种登台演出的满足感。

就这样，从始至终，孩子都对学习钢琴具有浓厚的兴趣，每周末去老师家学琴都非常积极，每次都迫不及待地请求老师检查自己的练习成果，老师对她非常欣赏，对孩子的妈妈说，她的女儿是自己所教过的学生中，对学习钢琴兴趣最浓、完成功课最好，并且坚持力最强的一个，如果能这样保持下去，将来的钢琴水平肯定很棒。

那么，我们该如何培养孩子持之以恒的学习习惯呢?

第一，从小培养孩子做事善始善终的能力和习惯。

无论是在孩子的学习还是生活中，做任何一件该做的事情，我们都应该严格要求他按照预定计划有始有终地去完成，监督他不可半途而废。这种能力必须从小培养，倘若长大以后放弃成了习惯，想要纠正就很难了。

第二，为我们的孩子做出榜样。

许多孩子学习、做事没有耐心，往往是因为家长做事也虎头蛇尾。家长每天在潜移默化中影响着孩子，孩子身上的好习惯与坏习惯都有家长的影子。

所以说，想培养孩子持之以恒的学习习惯，家长首先要从自身做起，在孩子面前，自己该做的事情一定要做到善始善终，给孩子树立一个良好的榜样。

第三，注意保护和激发孩子的学习兴趣。

兴趣是最好的老师。孩子自主学习最重要的动机之一，就是兴趣，兴趣能促使孩子在学习中、在活动中施展出最大的意志力。所以，我们需要在家庭教育中增添活动和学习内容的趣味性、生动性，寓教于乐，使事情本身就能吸引住孩子，这对孩子坚持学习和做事具有很好的促进作用。

第四，帮孩子确定具体可行的学习目标。

目标能够制约人的行为。一个人有了目标以后，就有了行动和坚持的动力。对孩子而言，只有具体可行的学习目标，才能促使他自动自觉去努力、去坚持。所谓具体可行的学习目标，即必须与孩子的年龄、能力相符，不能过高也不能太低。过高，孩子实现不了，就算他很有毅力，最终也不得不放弃；太低，孩子学不到新东西，也满足不了学习的兴趣。

第五，让孩子学会自我监督。

只有自律才能自觉，我们的最终目的，是让孩子自动自觉地坚持学习，而不是时刻都要妈妈、老师在一旁提醒、督促。自我监督，可以从妈妈的监督和鼓励开始，当孩子大一点儿以后，就应放手让孩子对自己的行为进行评价和鉴定。这样，孩子可以通过自省认识到自己的错误，可以自主对自己的行为加以纠正。久而久之，他们也就具备了督促自己持之以恒从事某项活动的能力。

完成能力和坚持精神是成功最倚重的品质。生活中有很多人，因为从小妈妈没有重视培养，不舍得严格要求，因而养成了半途而废的习惯，做任何事一遇到困难就临阵退缩，取得很小的成绩就不思进取，这是学习、成才、成功的大忌。这样的孩子，也永远达不到高的档次。

第5章

尊重孩子，孩子才愿意做你的贴心人

从身边小事开始贴近孩子的生活

　　很多爸爸妈妈以为，只要对孩子娇惯怜爱，他们就对自己永远没有秘密，可事实上并不是这样的。孩子天生是敏感的，当他开始对妈妈隐藏心中的小秘密时，想要从他嘴里搜索到有价值的情报是相当不容易的。假如这个时候一味地去探听对方的内心，必然会招致反感，更有甚者，还会为自己的日记本加上一层"双重保险"，从此妈妈与孩子之间的隔阂就会越来越深，即便是妈妈左一个"宝贝"，右一个"亲亲"地叫，也是一点儿用都没有。由此看来，急功近利的方法是不可取的。可总不能想问的就不问了，想了解的就不了解了吧？毕竟孩子正逐渐地走向青春期，他的烦恼、他的想法，作为妈妈怎能一点儿信息也没有呢？很多家长都在这个问题上犯了难。

　　曾经就有一位妈妈在自己的博客里，写下这样一段话：

以前，我家可爱的女儿跟我可交心了，可谓是无话不谈，什么心里话都跟我说，那个时候我真就觉得女儿是自己最贴心的"小棉袄"。可当她一点点地长大，情况就发生了变化，我们的交流越来越少了，她好像有越来越多的事情瞒着我。有一天，我在她桌子的抽屉里发现了一个上了锁的笔记本，心里不知道为什么就忧伤起来。我开始意识到，孩子跟我有隔阂了，有自己的秘密了，可她在想什么呢？是不是遇到一些过不去的坎儿了？我什么都不知道。有些时候张口想问，却又害怕她敏感地想到自己的那个秘密笔记本，觉得妈妈怎么能不经过自己同意就去触碰自己的秘密？可是不问……哎呀，万一真有什么事情怎么办？真是烦恼啊！

看了这段文字，或许很多妈妈都会有同样的经历，面对孩子这样的变化，似乎自己早有预料，却不愿意它过早地到来。这时候，如何让孩子自己说出心事、对自己敞开心扉就成为摆在妈妈面前最重要的问题。

其实，要说这件事难也难，容易也容易，既然对自己的事情那么敏感，不如就先绕开话题说说别人的事情。聪明的妈妈总是富有智慧的，她们会把自己对孩子的担心通过谈论别人事情的方式表达出来，并借机将孩子引导到最正确的方向上。而孩子也不会觉得不自然，反而觉得一切的思路都是自己通过思考总结出来的。如此下来，教育目的落实起来也会容易很多。

盈盈的妈妈是一个富有智慧的家长，当她第一次看到盈盈抽屉里紧锁的心事笔记本后，并没有去做她秘密的偷窃者，而是安静地合上了抽屉，当作什么事情也没有发生。

放学后，盈盈像往常一样开心地冲向接她的妈妈，路上妈妈问盈盈："盈盈，最近你的好朋友落落好像有心事啊。她妈妈说落落回家总是心不在焉的样子，好像被什么事情给牵住了。"盈盈笑笑说："哼！她啊，上课的时候跟同桌闹翻啦。同桌就找了好几个朋友下课奚落她，日子很不好过。""啊？那你怎么做的？""我当然会帮助她啦！有些时候会把她叫出去玩儿。她悄悄跟我说，同桌那个男孩特别讨厌。不过我觉得那个男孩对我还可以，也没找我什么麻烦。"

听了盈盈的话，妈妈的心稍稍放下了一点儿说："盈盈，有没有想过，假如你是落落，你该怎么办？""肯定找老师调座位啊，不然能怎么办？难不成活受罪啊！""嗯，盈盈，假如真有这样的事情，首先应该告诉妈妈，妈妈和你一起想办法，是找同学谈，还是找老师谈，甚至是找同学的家长谈，千万不要自己擅作主张，否则，可能原本是一件小事，你给闹大了不是得不偿失吗？妈妈愿意做你最忠实的军师，所以有了问题和心事千万不要藏在心里，多一个人出主意多好啊，更何况妈妈已经是成年人，比你经验丰富得多，你说对吧？"

盈盈想了想，觉得很有道理，之后自己遇到什么事都会主动和妈妈分享，母女之间的隔阂自然地消除了，后来妈妈了解到，因为交流比写日记简便，盈盈的心事本早就名存实亡了。

看了上面的例子，作为妈妈的你是不是深受启发呢？其实，孩子终归是孩子，所谓的秘密其实也没有多大的实际价值，但最重要的是，作为妈妈，我们和孩子沟通的渠道不能阻断。说说别人的事情，向孩子开诚布公地挑明心事，让他感受到我们的真诚，隔阂瞬间就会土崩瓦解。所以快些行动起来吧，说说身边的趣闻，聊聊别人的故事，打开他的话匣子，良好的沟通从今天开始。

多说些孩子感兴趣的事

　　作为家长会感到，孩子越大就越难以接近。小的时候，他们很黏人，总是缠着要你给他讲故事，一边接受着爸爸妈妈的百般怜爱，一边娇滴滴地撒娇嘟嘴。可上了小学就开始发生一些变化，只要一放学回到家，第一件事是放下书包，第二件事就是进入房间，谁也不知道他在忙什么。每当问起最近的情况，在学校开不开心，老师对他有什么评价，他也总是草草地应付，问急了就会不耐烦地说："你有完没完啊！秘密，秘密，我不想说啦。出去看电视吧。"于是乎，作为妈妈的我们就这样从屋子里被请了出去，只剩下一脸无奈的表情，真不知道该如何是好。

　　思前想后，到底问题出在哪里呢？是我们以前对孩子娇惯得太多，还是这一切都是成长路上必须经历的环节？孩子越长越大，心里的话不说，作为妈妈怎能不担心？妈妈一旦与孩子断了沟通这条线，就很难把握他们的心理，也不知道孩子在学校的动态。对很多妈妈而言，现在的孩子好像都很神秘，尤其对爸爸妈妈，一定要把自己的心思隐藏起来。越是藏，作为妈妈的我们越是好奇，生怕孩子当下所面对的一些问题会影响到他们的身心健康。

其实，孩子虽然神神秘秘，但并不意味着他们内心不渴望交流。我们也应该好好思考一下，孩子为什么会隐藏自己的心事？这里面的问题或许不仅仅在于孩子，妈妈在引导孩子方面可能同样存在问题。想想自己和孩子经常谈论的那些话题吧，那简单的几句例行公事的话，恐怕人家早就能倒背如流了。"最近成绩发下来了吗？""班里老师都说了些什么啊？""现在你在全年级排第几名啊？""中午在学校吃的是什么啊？"总之，闭着眼睛想吧，但凡是自己能想到的，也不过是那几句简单的套话，今天问一遍明天问一遍，也难怪孩子没有再和妈妈沟通的欲望。他们已经在潜意识中认为，妈妈很无趣，是不理解自己的，话说多了还很可能对自己不利。如此这般下去，情况可想而知，话越来越少，与妈妈的沟通就像是老师每天要求背下来的简答题，永远都是那些套话，没有一点儿新鲜感。

所以，想要让孩子更好地接受自己，愿意坐下来与自己互动交流，首先就要成为他们眼中有意思的家长。其实，这件事做起来也很简单，只需要用心地观察，看看孩子最感兴趣的话题是什么。

这时候，你会发现原来家中的这个小天使内心是如此丰富，他们可能会对着橱窗里的漂亮礼服发呆；他们可能梦想自己是儿童漫画里那个最聪明机智的主角；他们时常会静静地在一张纸上描摹好几个钟头；他们会假想自己是那个可以把家中狗狗看顾很好的医生。

总之，这个世界对于孩子来说是非常美妙的，他们用自己的感性编织着属于他们自己的内心世界，并在其中不断倾注着自己的美好情感。在他们的世界里，自己可以是王子，可以是天使，也可以是古灵精怪的精灵，只要是美而新奇的事物就肯定能够对他们产生强大的吸引力。而这一切，作为妈妈的你，真的意识到了吗？

要想打开孩子的话匣子，妈妈一定要动用一些策略，与其去问那些他们都可以背下来的问题，不如换个角度，先从他们感兴趣的话题开始。比如，这位妈妈与女儿的交流就非常有策略。

一天妈妈接兰兰放学回家，路上妈妈兴致勃勃地说："兰兰，今天妈妈来接你的时候，路过一家商店，看到橱窗里有一件特别漂亮的纱裙，那衣服穿起来感觉就像是个公主。那时候我就想啊，等我们兰兰长大些，说什么妈妈也得带兰兰去照一组超美的艺术照，就穿这样的裙子，咱也彻彻底底地过把公主瘾。"

"啊？是吗？太好了，这件事我都想了好久了。"

"是吧！我觉得我们家闺女长大了一定很标致。"

"妈妈，那我什么时候才能长大啊！"

"那你可别着急，要想成为真正的公主，长得漂亮是一方面，最重要的事情还是要有素养。你看过电影《罗马假日》吗？妈妈小时候看过，影片里那个女主角，既漂亮又有才华，不仅男孩喜欢她，很多女孩子也把她当偶像呢。"

"是吗？那我也想跟她一样。"

"那咱现在就好好努力啊，这种素养是打小培养起来的。第一，好好锻炼身体；第二，专心努力学习。等我们兰兰长大了，那言谈举止，骨子里都透着一股子淑女范儿。英语说得比外国人还好，一写文章就文思泉涌。到时候咱再穿上那漂亮的裙子往红地毯上那么一走，所有人都得眼前一亮。哎呀，妈妈就那么想啊，想着心里都高兴。所以，兰兰，咱要不要好好学习啊？"

"嗯，要，一定要。"

"对了，听老师说期中考试马上要到了，妈妈可看你表现了。为了美好的明天，一定要努力啊。"

"好！等着吧，我一定可以拿下这次期中考试。"

一件漂亮的纱裙，一个萦绕在心头千百回的公主梦，妈妈用一个对美好未来的畅想，让女儿跟着心潮荡漾，既在无形中为女儿指明了方向，又有意无意地询问到了目前女儿学习的情况，而且一点儿也没有遭到女儿的反感。母女两个人一边畅想着未来，一边着眼于当下，那美好的蓝图无形中促进了孩子努力完善自我的决心，也在无形中让母女之间的关系更加亲密。

其实，与孩子的交流就是这么简单，先从他们感兴趣的话题开始，往往更容易得到他们的接纳。当良好的沟通在这样温馨的氛围中进行，你还会担心他们不会向你敞开心扉吗？

不要任性地掌握孩子的全部

有些妈妈存在一种错误的观点，觉得自己生养了孩子，就有权力安排孩子的一切。实际上，妈妈与孩子在人格上是完全平等的，妈妈千万不要认为自己可以掌控孩子的一切。孩子和妈妈都有自己的人生，妈妈不应该把自己对人生的期望或者自己未竟的梦想强加在孩子身上。相反，妈妈所要做的是帮助和引导孩子。妈妈唯有尊重孩子的人格，才能真正做到与孩子亲密融洽地相处，避免引起孩子的叛逆和反抗。

记住，帮助不是控制。妈妈的控制一般是不能如愿以偿的，因为孩子在自我意识觉醒之后，就会竭尽所能地反抗妈妈，这样就容易导致亲子关系紧张甚至恶化。

正在读初中的飞飞最近迷上写网络小说，这一爱好使学习成绩原本就处于班级中等水平的飞飞退步了。妈妈发现这个情况后，对飞飞的监控更加严密了。妈妈经过多次"侦察"，如借助送水果的机会突然进入飞飞的房间，发现飞飞并没有在写作业，而是在计算机上偷偷地写小说。妈妈十分生气，毕竟飞飞已经读初二了，还有一年多就要考高中，写小说非但不能给他加分，反而会耽误他的学习。思来想去，妈妈决定没收飞飞房间里的计算机。

飞飞对妈妈的做法很抵触，因为写小说是他唯一的兴趣，而且他的小说在网上已经有很多粉丝了！因此，妈妈的做法非但没有让飞飞在学习成绩上有所提升，反而让飞飞因不能写小说而精神恍惚，对学习产生了抵触心理。

看到飞飞的状态，妈妈寻思着自己的处理方法也许太过于粗暴了，于是就考虑把计算机还给飞飞。当然，在此之前，妈妈先和飞飞进行了沟通，约定飞飞只能在周末更新小说，而平时要专心学习。有了主动选择的权利之后，飞飞觉得自己受到尊重，因而对妈妈和学习也没有那么抗拒了。

没有人愿意被操纵，哪怕妈妈打着爱的旗号去控制孩子，也依然会被孩子抗拒。帮助孩子，要求妈妈在认真了解和尊重孩子的个人选择和内心感受的基础上，动之以情、晓之以理，引导孩子纠正错误的行为。在必要的时候，妈妈要向孩子做出一定的妥协，只要孩子能够完成分内的任务，整体上不出现偏差，让孩子保留一些个人的兴趣和特色，又有何不可呢？

和男孩相比，女孩心思缜密，尤其是处于青春期的女孩，她们的心理更为敏感，感情也越发细腻，因而有很多不愿意被他人知道的秘密。遗憾的是，在教养女孩的过程中，有很多妈妈因为对女孩的世界过于好奇和担心，养成了偷看女孩日记的坏习惯。这么做其实是很不明智的，孩子再小也有隐私权，妈妈不应随意窥探。

很多妈妈自作聪明，以为只要旁敲侧击就能成功刺探"军情"。实际上，青春期的孩子心思缜密，很容易就能"反侦察"。妈妈如果一味地打探孩子的小秘密，不仅会招致孩子的防备，甚至因此彻底对妈妈关闭自己的心扉。

要想真正打开孩子的心扉，走入孩子心里，妈妈最合理的做法就是像朋友一样信任孩子，与孩子平等相处，让孩子心甘情愿地向妈妈倾诉，把妈妈当成自己的知心朋友。明智的妈妈会开诚布公地与孩子交谈，而不是偷窥或者玩心理博弈的游戏。否则，如果因为不尊重孩子的隐私而失去孩子的信任，就得不偿失了。

自从冬雪开始读初中，妈妈整日都如临大敌，生怕正处于青春期的女儿犯错误，发生早恋，那样就会影响学习。有一次，妈妈无意间听到冬雪和一个男生打电话，便装作漫不经心的样子问冬雪："雪儿，你们班级里有没有男生和女生关系比较好的？"

冬雪一开始还没上心，不以为意地对妈妈说："有啊，有几个女生就和男孩一样，性格也很像男孩，所以和男生玩得特别好。"

妈妈警惕地说："那你呢？你喜欢和男生相处，还是喜欢和女生相处？"

冬雪突然用质疑的眼神看着妈妈，不耐烦地说："妈，你到底想问什么啊？你要是想问我是不是早恋了，就直截了当地问，不要遮遮掩掩的。"

妈妈当场被女儿识破，有些不好意思地说："没有，没有，我只是关心你而已。"

冬雪可不迟钝，当即毫不客气地反驳道："你要是真关心我，就问问我学习累不累。我就算和男生交往也没有什么不正常的啊，妈妈你不也有男同事吗？难道你和男同事从来都不说话？"妈妈被冬雪说得哑口无言。

没过几天，妈妈就发现冬雪把自己的笔记本锁到抽屉里了，而且很少再和她说起学校里的事情。

冬雪是个很敏感的孩子，对于妈妈旁敲侧击的询问，她一下子就知道了妈妈的用意。妈妈呢？原本是想打探冬雪的隐私的，反而让冬雪更加防范自己了。其实，就像冬雪所说的，青春期里男孩与女孩之间的日常交往是正常的，妈妈不能因为担心早恋问题就对孩子的异性正常社交严防死守。给予孩子一定的自由，让他拥有健康的社交活动，又有何不可呢？

人与人之间的尊重是相互的，妈妈唯有尊重和信任孩子，才能得到孩子的尊重与信任。

对于孩子而言，他们会因为得到妈妈的平等对待而变得更加信赖妈妈，更加愿意听从妈妈的教诲。因此，妈妈要意识到这一点。此外，当孩子得到自主权的时候，他们也会渐渐成长，变得越来越独立。

别让你的孩子对自己失去信心

生活中很多家长会习惯性地数落孩子的缺点，每天都把孩子的缺点挂在嘴边，有时候一天要指责孩子缺点十多次或二十多次，以至于批评的口气都成为他们的语言模式，在这样的氛围中，孩子就会越来越自卑，觉得自己什么事都做不好，慢慢地，一遇到难题就往后退，总觉得自己是那个给别人带来麻烦的人。

"晴晴，你妈妈是什么样的啊？"

"她啊！一天唠唠叨叨地没完没了，说的都是我的不是，说我有很多毛病，到外面去会让人笑话。"

"我妈妈也是，她一说话就带着批评的口气，以至于我一听到她说话就紧张，每次回家我都直接跑到自己屋子里，把门一关，这样还安全点。"

"现在的大人也不知道怎么了，每天怎么有那么多问题好叨叨，每次我想把耳朵堵起来的时候，她就会说：'说你吧，你还不爱听。'可是你知道吗？她越是这么说出来，我越是在紧张以后改不掉，下次还得挨说，没完没了，整天活受罪，真不知道她怎么想的，如果她自己活在这样的氛围中会不会也发疯？"

"是啊，要我说就应该也让她活在那种装满叨叨的世界里。你知道吗，晴晴？现在我经常在家被我妈说得一无是处的，以至于我都对自己产生怀疑了，班里有什么活动我也不敢参加了。

"为什么？"

"唉，因为在妈妈眼中我是那个给她带来无数麻烦的人，我可不想在学校里也成为那个给别人带来诸多麻烦的人，如果是那样，我真的就没有一个安全的地方好待了。"

"唉，我也有这种感觉，我妈老是把我跟别人家的孩子做比较，在她眼里别人家的孩子都特别优秀，唯独我是一个什么都做不成的孩子。在他们的光环下，我感觉自己就是一无是处，每次听到她这么贬低我，我心里都会很痛，我有时候真想质问她，既然我这么不好，干吗要生我呢？"

"别难过了，或许好多同学的妈妈都是这样的，在这点上都跟得了传染病一样，做出来的事情都跟事先商量好了似的。"

上面是两个小孩子在上学路上的对话，作为妈妈看了这样的对话，心里又有什么感觉呢？或许有些妈妈会说："现在的孩子就是这样，把问题指出来不是为你好吗？怎么还成了妈妈的不是了呢？难不成就什么都不说，任由你们随风长就好了吗？要不是你是我的亲生孩子，我才不会说呢。这些问题妈妈不告诉你谁告诉你？别人才不会把话说得那么直，又不关人家的事情，人家犯不着得罪你。"一听这话，大有一番忠言逆耳的味道。可转过来一想，不管是成年人还是孩子，天天活在一种唠叨和奚落的世界里，恐怕谁也受不了，开始还能勉强听两句，后面真的就要破罐破摔了。这种状态与积极乐观打气的状态截然不同，假如长时间处于那样的环境，百分之八十的人都会成为泄了气的皮球，甚至在无意识中对自己产生怀疑，失去原有的自信，总是觉得自己什么事情都做不好，一切都不如别人，自己是那个给别人带来很多麻烦的那一个。

曾经有一位心理学者在研究孩子心理的时候，通过访问获得了这样的一手资料，里面细数了孩子最不愿意接受的妈妈采用的教育方式，主要有以下几点：

第一，觉得孩子什么都做不好，一边叨叨一边事必躬亲。

很多妈妈每天都在抱怨自己的孩子动手能力太差，可当孩子真的下决心去尝试的时候，她们却开始在旁边指指点点，数落孩子这么做不好，那么做不好，最后把孩子数落得身心紧张，做起事情来谨小慎微的。而她们看到这样的情形后更变本加厉了，经常故作着急状地夺过一切，嘴里还喃喃地说："行了，不用你了，你能干什么啊？"每到这个时候孩子就会很委屈，觉得明明是因为妈妈的干涉，导致自己计划的破产，最终责任怎么又全都推到自己的头上？

第二，永远把光环套到别人头上。

很多孩子其实很努力，但是妈妈似乎从来都没有看见，她们常常会把别人家孩子的优点挂在嘴边，末了总是会说上一句："你看看别人家的孩子，你再看看你。"时间一长，很多孩子开始自卑，觉得自己比不上其他的孩子，别人家的孩子都带着闪亮的光环，而自己什么都不是。事实上，孩子本身是有很多优点的。妈妈之所以那么说，本是想让自己的孩子更优秀，结果往往适得其反。有些孩子甚至在遇见那些光环孩子的时候，会不自觉地低下头，潜意识里似乎已经接受了自己是最没用的这一现实。

第三，总是在暗示孩子"你很麻烦"！

很多妈妈在教育孩子的过程中，总是表现出一种厌烦的状态，心情不好的时候，对孩子的语气就是一种奚落加烦躁的状态。有些事情孩子不知道怎么做，问妈妈的时候，她们甚至会说："什么事都要问我吗？你很麻烦。"但等到孩子自己尝试去做，没有把事情做好的时候，她们又会说："你很麻烦！这点事都做不好。"时间一长，孩子会慢慢觉得自己不是妈妈的最爱，而是她们的麻烦，她们觉得生了自己后悔了。于是有些孩子会伤心地离家出走，还有的孩子会在参加集体活动的时候躲在后面，因为他们不想成为给集体带来麻烦的那个人。

看了这么多孩子真实的感受，不知道作为妈妈的你有没有过类似的教育经历，如果你也会在不经意间出现诸如此类的问题，那么从现在起就要注意了，因为这对孩子的心理健康真的伤害很大，如果你觉得孩子在自己的心目中地位很重要，那么从现在开始管好自己的嘴，让他们在健康积极的家庭氛围中成长，只有这样他们才会以更加饱满的热情快乐迎接每一天的到来，才会有勇气自信地说："我是最优秀的，走到哪里都会发光。"

哪个孩子都不喜欢被翻旧账

现在很多妈妈都可能会出现一个问题，当孩子做得一点儿错事点燃了他们的火星，她们就会一股脑儿地把多年沉积下来的很多事情拿出来暴晒，全盘否定，搞得孩子一脸痛苦和难堪，这真的让小小的他们不知如何是好。

曾经就有个小姑娘难过地说：

"我不知道为什么，每次我爸爸妈妈都会因为我犯的一件特别小的错事掀起轩然大波，一定要把我以前的错全都从头到尾数落一遍才开心，而且说出来的话相当伤人。可我真的已经改变很多了啊，为什么他们根本看不到，对我的努力从来都没有放在眼里。之后我就想了，努力不努力都是一个样，反正我已经在他们那里留下污点了，他们也觉得抓住了我的'小辫子'，那我还顾忌什么，就不改了，他们能怎么样？反正在他们眼里我已经不是什么好孩子了。"

观察了很多妈妈与孩子之间发生重大分歧的情况，原因往往在于妈妈对孩子的批评方式上存在弊端。有些家长或许是因为自己工作生活压力太大的原因，内心的情绪本身就存在问题，面对孩子不经意犯的错误，与其说是批评，还不如说是一种内心的发泄，说的是孩子的错误，其实是想找一个发火的机会，所以才会一股脑儿地把孩子一堆的不是抖搂出来，一边抖搂，一边抱怨着自己的不容易。这样发泄一通，自己倒是痛快了，可痛苦却转移到孩子身上，他们幼小的心灵还不能理解妈妈这般过火的举动。在他们的理解中，妈妈是以这种方式告诉他们，以前的错误即便改了也不算完，我永远记着呢。这样一来，孩子就会陷入痛苦与绝望之中，觉得只要犯了错误，以后表现多好也没有用，只要新问题一来，老账旧账就会一起算。

作为成年人，我们可以回想一下自己处于工作状态时的一些经历，假如自己的上级是一个雷厉风行、对事不对人的人，那么打起交道来会非常轻松，即便是自己做错了事情，被他点出来也不用太担心，只要改了就好，从来都没有秋后算账的担忧。相反，假如碰上一个特别小心眼儿，一个小错就可以让他记一辈子的上司，那自己的日子肯定是不好过的，平时做事小心翼翼，有些话应该说也不敢说了，就怕这位上司回头找后账，到时候自己一定很难堪。

两者相比，作为成年人的你一定会得出自己最理想的选择，谁也不喜欢那个因为一点儿小事就爱倒腾后账的人。可作为孩子"领导"的我们又是怎么做的呢？

曾经有个妈妈就自我反省道：

以前因为工作压力大，有的时候对自己的孩子真的没有好心情，不知道为什么就想发泄，找个小事就跟他嚷，没的嚷就倒腾后账，以至于孩子惊恐异常，一见我就躲得远远的。有一天我因为工作很顺，心情很好，看到孩子出了点小问题，就亲切地上去指正。发现孩子一脸惊讶，之后他用小手拍打我的大手说："妈妈，以后我要是出了一些小问题，你能一直这样就好了，你知道吗？你生气的样子好可怕。你翻旧账的时候我心里好痛，因为很多问题我都已经改了，而你却没看到。"听了这话，我心里酸酸的，说实话，我也不喜欢那种爱倒腾旧账的人，但不知道为什么，自己却在孩子面前变成了自己讨厌的样子。那天晚上我躺在床上想了很久，久久都没有入眠，我开始反省我的过失，这让我意识到，如果自己不改，模仿能力那么强的孩子有一天一定会沿着我的脚步走，假如他也把倒腾后账这种坏毛病当成习惯，那以后长大了，会和我现在一样，一点点地活成了自己讨厌的样子，那将是一种多么失败的人生啊。所以从那一刻起，我做出决定，不管自己在外面经历了什么，都不要把情绪带回家，面对孩子甚至爱人所出现的问题，就事论事就好，只要改了，就是一件开心的事情，这样他们放松，整个家庭氛围也会温馨和睦了。

　　听了这位妈妈的自我反省，不知道同样作为妈妈的你有没有相似的感触？翻旧账，抖搂出曾经一堆的不是，往往是对一个人心灵最大的折磨。有些事尽管当时很痛，但在时间的治疗下已经接近愈合，可这个时候突然之间被人拿出来重新再提，就犹如把愈合的伤口再撕开，重新暴露在炎炎烈日之下。作为孩子的守护者，妈妈怎能舍得让孩子的伤口在自己的手里撕扯疼痛？所以，用心去真正爱孩子吧，相信自己的直觉，凡是自己不喜欢的感受，身为孩子的他们也同样难以忍受，我们都不希望活成自己讨厌的样子，不管在外面经历了什么，回家一定要带上笑容，因为我们知道家中还有个可爱的孩子在等着自己。面对那些芝麻大的小事情，释放出来就好，我们怎舍得让自己的孩子因此而承担更大的难过呢？

第6章

帮助孩子完善自我，走向成功

遵时守诺，方得认同

生活中令人反感的人，肯定包括那些说了话不算数或做起事来拖拖拉拉的人，明明说好的事，结果到了时间，不是没有完成，就是嘴边总挂着明天。而世间令人尊重的人，往往都是那些能够说到做到，只要约定时间就会信守承诺的人。

作为一个渴望拥有美好未来的孩子，首先应该具备的素质，就是能够养成守时的习惯。综观那些成功者的经验，只要是自己答应好的事情、约好的时间，就会对自己所承诺的一切负责，就会在有限的时间里，做足功课，准备好应该准备的一切，完成约定时间所要完成的事情，给别人和自己一个非常满意的结果。

可是，如今很多小孩子都有拖拖拉拉的习惯，在他们眼中时间并没那么重要，而别人的时间似乎也没那么重要。起初偶尔几次迟到，身边的小朋友都会哈哈一笑，给予谅解。而时间一长，别人就觉得不太高兴了。为什么每次约好的时间，他都会迟到呢？久而久之，大家会有意无意地与拖拉分子划清界限，只要是需要约时间碰面的事情，就会首先把他排除在外。最终拖拉的孩子就慢慢成了孤家寡人，被大家无形中认定为不守承诺的人。

作为孩子的妈妈，我们应该知道，假如不想让家中的孩子遭受太多的伤害，最重要的一点就是让他们尊重身边每一个人的时间。鲁迅先生曾经说过："浪费别人的时间相当于谋杀生命。"面对一个"谋杀"自己的人，大家能给好脸色吗？或许现在孩子不懂，不就是因为迟到吗？至于有这么大的反感吗？但作为成年人的我们却非常明白，假如这个时候不及时纠正，长大以后迟早会因为这件事而吃亏。

曾经在一本书上读到一个富商准备与一个策划议案人员见面，他准时来到预约好的咖啡厅。但对方却还没有到，于是刚过三分钟，这位富商离开了。等到对方匆匆赶到时，这位富商早就没了踪影。之后，这位策划议案人员打电话问富商为什么不等待一会儿，而对方却生气地说："你知道我的时间多么宝贵吗？我平均一分钟就相当于 100 美元，而你已经浪费了三分钟，我没有管你要损失已经是客气的了。"

　　试想一下吧，假如有一天作为妈妈的我们已经不再年轻，看着家中的孩子就这样被别人一顿奚落，原因仅仅是因为迟到，那将是一件多么遗憾的事情。

　　若想让这样的遗憾不至于在之后的日子发生，只有从现在就马上行动起来，培养孩子守时的习惯，让他们对别人的时间表示尊重，同时也对自己的时间倍加珍爱。

　　那么究竟应该怎样培养孩子守时的好习惯呢？看看下面的建议，希望能对大家有所帮助：

　　第一，以身作则，为孩子树立表率。

　　孩子百分之八十的习惯养成往往都源于对妈妈的模仿，假如想让孩子信守时间约定，那么从现在开始，作为妈妈的你首先做出表率。假如自己都做不到，无法在约定的时间完成说好的事情，反过来教育孩子要这么做，他怎么会听呢？

　　因此，作为妈妈，我们首先要做的是能够信守与孩子之间的"时间君子协定"，只要答应在什么时候落实的事情，绝对准时完成，不给孩子留下任何"小辫子"，这样当我们再去对他拖拉的问题予以引导的时候，就可以坦荡地告诉他："你不拿别人的时间当回事儿，别人又怎么会拿你的时间当回事儿呢？"

第二，在约定好的时间前做好充足的准备。

既然是答应好别人要做的事情，就必须做好充分的准备，否则即便是到了规定的时间如约而至，可面对要做的事情还是神情恍惚、两手空空、一问三不知，那场景一定也会非常尴尬。对方会觉得，这个孩子是一个不靠谱的人，绝对不能把重要的任务交给他，否则一定会出问题。试问哪个妈妈希望自己的孩子就这样被推到机遇大门之外呢？

所以，妈妈应该从小教育孩子要在约定好的时间，为兑现承诺做好充足的准备，绝对不能因为自己一时的马虎而成为别人眼中不靠谱的人，毕竟一切机遇都是为有准备的人准备的，事情不论大小，认真准备、认真去做，让别人感受到他的尊重，双方才会有更进一步进行沟通的可能。

第三，提前总比迟到强，笨鸟不如先飞。

这个世界总有一些不可抗因素，比如明明见面的时间绝对充足，奈何路上出现了堵车；明明已经准备好的谈话内容，因为紧张就忘了一多半，这样怎么行呢？有些孩子常常会因为这样的事而烦恼，最终丧失了对自己的自信心。

这时候妈妈应该引导家中的孩子，提前采取策略予以应对，假如堵车是不可抗力，不如提前一个小时出发，到了之后，还可以自己在脑海里重复一遍要交流的内容，这样当面交流的时候就不会紧张。如果还是担心自己会在交谈的时候忘记内容，不妨提前准备一个小本本，将重要的内容记录下来，好记性不如烂笔头，真正到了交流的时候，孩子这样认真的样子，反而会给对方一种可信赖感，最终赢得对方的信任。

教孩子发挥金钱的最大价值

妈妈："若若啊！你看这些书多好啊！赶紧用你的零花钱买下来回去好好读啊！"

若若："这么贵，我就那么一点儿零花钱，不买，要买你给我买吧！"

妈妈："那你上次买冰棍怎么有钱？买书就没钱了？"

若若："冰棍能花多少钱啊，这一本书够买好几根冰棍的了，我一吃能吃半天。"

妈妈："但是它可以带给你知识啊！你以后说不定可以用这些知识赚更多的钱呢。"

若若："不买，你老算计着我那点零花钱，我没钱，这书是不错，但是你觉得好，你买吧！"

每次听到孩子说出这样矫情的话，心里就觉得好笑，现在的小孩子，各个手里都有小金库，可面对这么多钱，他们根本就不知道怎么花才是最恰当的。于是，很多孩子都开始贪图便宜，今天买个漂亮的自动笔，后天买一堆可以在上学路上偷偷吃的零食，还有一些孩子会拿着手里的钱偷偷跑到黑网吧，一边喝着饮料，一边在网上东看西看。总而言之，每当妈妈问及他们的零花钱时，他们个个都哭穷，说自己没钱，可等到遇上他们想要的东西时，钱就自然地拿在手里了。

不可否认，这个世界充满诱惑，对于还没有理财意识的小孩子来说，感性的他们常常会被很多琳琅满目的诱惑所吸引，一个漂亮的头花、一本漂亮的笔记本、几张带着卡通图案的贴纸等，一系列为小孩子专门准备的商品无一不吸引着他们的眼球，于是，就在这种半吸引、半催眠的状态中，很多小孩子禁不住诱惑，一点点地把钱掏了出去。可作为家长的我们一定是个明白人，看到孩子买回来的东西，贵不贵先放在一边，可用性几乎为零，怎么会不为此烦恼生气呢？

先别急着生气，我们一起来分析一下孩子出现这些问题的原因，很多时候孩子乱花钱并不仅仅因为诱惑的吸引，还有一个原因在于很多孩子从一开始就不知道什么对自己是最重要的，换句话说，就是不知道什么东西值得自己去投入。中国有句老话说得好："好钢用在刀刃上。"花钱过于抠门，我们说那叫吝啬。而肆无忌惮地浪费，也不是什么好事，我们管它叫铺张。真正花钱的高手，永远会把钱花在最需要的地方，既不浪费一分钱，又能让花出去的钱为自己创造出更多的价值，这就是物超所值的道理。

所以，适时地问问孩子这样一个问题：你认为你花钱买到的东西，能给你现在乃至未来带来什么？这个问题一出来，估计很多孩子就开始支支吾吾了。花钱没有错，关键要看这笔钱花出去究竟值不值得。爸爸妈妈应该让孩子从小树立这样的观点：种瓜得瓜，种豆得豆，花出的每一分钱，都应该是自己对未来播下的希望种子。如果是这样，这些小家伙们究竟希望它长大后会结出一个什么样的果子呢？

曾经有一个妈妈，针对孩子花钱这个问题，在微博上写下了这样的内容分享：

作为一个对钱比较敏感的人，我始终觉得钱不仅仅是一个数字，还是一份希望，一个人要想成功，手里面不光要有钱，还要会花钱，把每一分钱花得恰到好处、花在刀刃上，所以我对家中的孩子说："你可以花钱，但是绝对不可以没有缘由地花钱，你的每一笔开销都应该有个说法，至少你自己可以说出它对于你当前乃至未来所起到的作用。"起初，我家的小姑娘一头雾水，根本说不出个所以然来。我当时很坚决地说："那不行，你说不出来就不能花，等你把一切想清楚了，我觉得有道理，不但你可以花，说不定我还会给你更多的资金支持。"

有了这句话，小姑娘有动力了，她开始自己总结每一笔花销的用途，并用心地构思着这些花销能给自己带来的收益。这么一来没出三个月，我发现她真的有不少长进，最起码对每一笔要花出去的钱有了计划。哪个为什么要多花，哪个为什么要少花，都能说得很清楚了。之后，我就和她一起分析，哪些钱可以毫不犹豫地花出去，哪些则应该放缓或干脆不花，她也渐渐能把我的话听进去了。之后，又过了将近半年的时间，我发现女儿真的长大了，她可以主动跟我交流花钱的事情了，有些我觉得可以花掉的钱，她自己却态度坚决地说："妈妈，这笔钱可以不花的，我们可以把它用在这方面的资金积累上。"我听着那叫一个高兴啊，心想，你赶紧长大吧！长大以后至少在管钱这件事上，我就不用操心了。

　　这位妈妈真是一个聪明而有智慧的母亲，看了她的分享，不知道对广大的妈妈们有没有帮助和借鉴？孩子如果还处在自我消费迷茫期，这个时候就要适当介入，教会他们花好手里的每一分钱，势必会对他们的未来有很深远的影响和帮助，所以千万不要错过了眼下的关键阶段，行动起来，成为他人生路上最值得信赖的消费顾问吧。

良好的自学能力才是关键

　　孩子没有自主学习的意识和能力，这是很多家长都挠头的事情。但事实可能是，并非孩子不会自学，而是家长包揽太多，恨不得一天 24 小时都陪伴孩子，什么事情都想替孩子做。孩子享受着依赖带来的"美妙感觉"，哪还会有主动自觉性？反正凡事都有妈妈替我安排呢！所以说，我们该醒醒了，为我们孩子的未来考虑，该让他学会自学了。

　　主动性来源于自身并驱动自己去行动的动力的强度。学习的最终效果，取决于学习者能否具备满满的自驱力，家长包揽孩子的学习，就等于剥夺了孩子学习的机会。很多孩子，正是因为在早期的家庭教育中没有养成主动面对生活和学习的习惯，到了初高中，学习总是跟不上，长大以后，人生也就陷入了被动。

所以提醒各位妈妈，学习的主动性从小就要为孩子培养。如果我们保护孩子主动探索、主动学习的本能，他就会自动自觉地去汲取自己所需要的知识，也就会形成自主学习的良好习惯。

在这方面，一位参加过我国第一届亲子教育论坛的妈妈就做得非常出色，让我们来看看她的经验分享：

我女儿再开学就上初三了，亲友们都很羡慕我，说我教出了一个好女儿。在学习上真让人省心，不参加补习班，成绩还这么棒。其实我想说，种瓜得瓜，种豆得豆，这一切都是我从她小时候起就高度重视培养她自学能力的必然结果。

上幼儿园的时候，我发现邻居家上小学的一对双胞胎孩子学习习惯非常好，每天放学回来，第一件事就是写作业。于是我故意在这对双胞胎放学快到家时，把我女儿从幼儿园接回来，其用意是让女儿多和这两个孩子接触。孩子都有找伴儿的天性，她每天见到两个小姐姐很高兴，屁颠屁颠地想和人家玩耍，可两个小姐姐却告诉她，要写完作业才能玩，并邀请她——要不你也和我们一起写作业？女儿很高兴地对我说：妈妈，你也给我留点儿作业吧。女儿从那时起就对学习产生了浓厚的兴趣，上学以后，我们从不陪孩子写作业，更不会帮她写作业。孩子回到家的第一件事，基本就是写作业。

上学的第一天，她非常高兴，拿出学校新发的课本给我们展示。我教她包好书皮，然后很认真地对她说："宝贝，你记住，学习是你自己的事情，实在无法解决的困难，你可以请教爸爸妈妈，但前提是，你实在无法解决。"孩子很听话，她在学习中遇到的困难大多能够通过自己的努力很好地解决掉，当然，在她遇到无法破解的难题时，我们也很乐于帮助她。因此，孩子的自主解题能力非常强，从小到大，我们都很少为她的学习问题操心。

阅读方面，我就有针对性地培养她的学习主动性。拿阅读来说，小的时候，我会陪她一起阅读，耐心给她讲解。到了三年级，我就要求她独立阅读，遇到不认识的字、不太了解的词，就对照字典、词典自己琢磨，这样阅读下来，她的印象才更深刻。到了小学五年级，她的阅读量相对于同龄人而言，已经非常大了，阅读速度也非常快。我问她："你有自己的读书方法吗？"她告诉我："分三步，粗读，细读，精读。第一步就只是读，把内容读透；第二步是品，品味作者的思想；第三步是悟，悟出道理或知识，为自己所用。"

教育，不是用知识将孩子的大脑灌满，而是点燃他求知的火种。让孩子感觉学习是他自己的事情，是孩子学习的动力源之一。

孩子的自学能力，是让他受益一生的本领，培养孩子良好的自学能力，就是妈妈给孩子最好的安排。生活中，如果我们能够教会孩子良好的自学能力，那么即使不紧盯孩子的学习，他的功课也能门门都很优秀。那么，妈妈们应该怎样做呢？

第一，每天的"家庭汇报"加点孩子感兴趣的内容。

孩子放学回来以后，家长不要急于询问孩子在学校的学习情况，要先问问孩子在学校都遇到了什么事情，什么事情让他感到开心。孩子都有很强的倾诉欲望，他会把一天里发生的事情一股脑儿地告诉你，包括学习情况。这样一来，不但我们掌握了孩子的具体情况，孩子还会觉得妈妈非常关心自己，自然对妈妈的询问不再抵触，也愿意按照妈妈的意思主动去学习。

第二，把孩子的作业交给他自己。

很多家长在孩子写作业的时候，要么坐在一旁催促监督，要么在一旁指手画脚，更有甚者甚至亲自代劳。家长不希望孩子出错的心情可以理解，但这样做只会让孩子在以后的学习中犯更大的错。我们应该让孩子养成独立完成作业的习惯，就算是出错了，也应该在完成作业之后再给予纠正和指导，这样不但能够锻炼孩子的学习积极性，同时还能够强化孩子独立解决问题的能力。

第三，激发孩子的学习兴趣。

孩子主动学习的内驱力，是他对学习产生了兴趣，所以激发孩子的学习兴趣是当务之急。我们可以寓教于乐，在生活的细节中、在玩乐中潜移默化地激发孩子的学习兴趣，这样，就算我们不紧盯，孩子自己也会学习。

第四，有了进步要夸奖孩子。

每个孩子都希望得到大人的认可和夸赞，尤其是老师和妈妈的夸奖，这往往是他们改正错误、力求进步的源泉。当孩子考试有进步的时候，千万不要忘记夸奖孩子。这样做，不但能够激发孩子的自信心，而且还会让孩子觉得，只要自己好好学习，爸爸、妈妈、老师就会开心，就更爱自己，他便会主动地去学习了。

提出问题是学习的第一步

从哲学的角度上说，做任何事都没有一定之规，生命的强大在于突破，突破过去就是成功。只是多数人习惯了按照常规思维去思考，总是固守着传统，不求创新，不敢去质疑，所以生命行走的轨迹总是在一个圈子里往来反复。记住博恩·崔西的提醒："很多事之所以会失败，是因为没有遵循变通这一原则。这个世界每时每刻都在变化，孩子生活在这种复杂的环境中，是刻舟求剑、按图索骥，还是举一反三、灵活机动，将直接决定他将来的生存状态。"

所以我们从小就应该培养孩子的求知精神和质疑精神，应该教会他，在接受知识的时候，头脑中多想想"为什么"；告诉他，不要怕提出"愚蠢"的问题，也不要被老师的权威吓到，相信老师也乐于回答。因为孩子爱提问，不仅能够反映出他思维发展的进程，更重要的是，这说明他具有观察精神，善于捕捉身边环境中新异的事物或现象。一般来说，爱问"为什么"的孩子，总比不爱提问的孩子学得更多一些。

熙熙在会说话以后，常向大人提出一些令人啼笑皆非的问题，熙熙的妈妈也很乐于耐心地给女儿回答。而且，她在与熙熙说话时（如看图识物的过程中），也经常采用自问自答的方式，如："这是什么呢？这是……""这是谁呀？这是……"这样的亲子交流方式，使得熙熙在两岁的时候，就已经养成了爱提问的好习惯。虽然有些话还说不清楚，但她总是能用自己的方式向妈妈询问。

到上幼儿园以后，她的问题就更多了，见到什么新奇的事物，都会问老师、问妈妈，而且已经开始探究事物的原委，比如："星星为什么会发光？""汽车为什么能跑得那么快？"这说明她的思维已经有了进步，已经初步知觉到一些常见事物的相互关系。

上小学以后，熙熙依旧是个爱提问的"问题儿童"，她遇到自己不懂的事物或是不理解的问题，总是缠着老师和妈妈问个明白，这使得她比其他同学们领先获得了很多知识，同时也激发了浓厚的求知欲望，她的学习从来没让老师和家长操过心，一路绿灯考上了自己心中理想的大学。

在这个重视创新的时代，想必我们不想自己的孩子再重蹈我们的覆辙，那就从他小时候起，重视培养他的提问精神吧！我们应该这样做：

第一，我们要呵护孩子质疑精神的萌芽。

也就是说，当孩子提出问题时，不管是古怪的，还是荒诞的，我们都不能一笑置之，更不能否定呵斥、讽刺打击。我们应该站在孩子的心理发展特点上，去看待他的问题，并及时给予回答、肯定和鼓励。

第二，根据孩子理解能力进行作答。

在回答孩子的问题时，我们一定要根据孩子的理解能力做出相应的解答，不要言之凿凿地讲大道理，否则自己费了不少口舌，孩子还理解不了。我们可以适当利用一些故事或者孩子能懂的比喻，给他解释一些难于理解的问题。

第三，鼓励孩子用实践去验证自己的问题。

很多时候，孩子的问题尽管幼稚，但不要简单地说对与错。我们应该鼓励孩子把自己的想法付诸到实践中去，用实践来证明这个问题的对错，这不但能给孩子留下极深的印象，同时也能极大地激发他求知的兴趣。

第四，不要让孩子产生依赖心理。

虽然我们鼓励妈妈对孩子的提问有问即答，但也不要让我们的孩子产生依赖心理。比"有问必答"更为重要的是，让孩子形成有了疑问先自己思考的良好求知习惯。

第五，不懂就是不懂，别给孩子瞎误导。

如果遇到无法解答的问题，绝对不要为了面子在孩子面前胡诌，这样会误导孩子。我们可以和孩子一起查阅资料，寻找答案，这不但能够培养孩子独立求知的能力，也能帮助他逐步建立起使用工具书的好习惯。

第六，适时提问，巩固知识。

我们的职责不仅仅是认真回答孩子的提问，还要不失时机地启发孩子提问，也可以对孩子的提问进行进一步发问，借此引导孩子进行思考。当孩子在我们的引导下得出答案以后，他会非常高兴，因为他从中获得了自信心和成就感。

一个人能不能比别人做得更成功，要看他能不能比别人更爱思考，能不能看到别人看不到的地方，能不能觉察到别人觉察不到的事情，能不能将那些看似不可能的事情做成可能。只可惜，多数人过于迷信专家或是权威，无论什么事情，只要被冠以"专家之言"，人们往往就懒得再去思考。其实这是一种很不好的现象，因为专家和权威虽然专业，但在某种程度上说，他们的思维也会对我们的思维造成一定的束缚，也会让我们陷入认知的僵局，完成不了人生的突破。

帮孩子挖掘学习中的快乐

孩子不爱学习，家长苦恼万分，千方百计在孩子身上找原因，然后使出十八般武艺，又是哄，又是催，又是苦口婆心，又是威逼利诱，恨不得亲自上阵替孩子学习。其实，孩子厌学的部分原因还是在家长自己身上，假如家长不能有效地加以引导，这种厌学情绪必然会越来越高涨。

芳芳是个聪明伶俐的孩子，理解能力强，也有上进心，但学习成绩却一直差强人意。因为这个，芳芳的妈妈一提起学习这档事两眼就泪汪汪的。

芳芳的妈妈为了能让她上市里最好的小学，省吃俭用按揭买了学区房。从孩子上一年级开始，就给她报了好几个辅导班，还买来各种教辅习题册，每天芳芳完成作业以后，芳芳的妈妈都要求她继续做课外题。而且，每天复习哪些内容，复习到什么范围，都由她说了算。真是可怜天下妈妈心啊！

尽管芳芳的妈妈认为自己为了孩子的学习做了一切能做的事情，可付出与收获却不成正比，孩子的学习成绩一直让他们在亲友面前羞于张口。芳芳的妈妈能一口气说出孩子在学习上的一大堆不是，比如上课经常走神，写作业慢慢吞吞，老师判的错题不及时改正等。其中最要命的是，错题改正后又一错再错。自己含辛茹苦地全心付出，换回的却是这样的结果，芳芳的妈妈不免着急上火，于是斥责加怒骂也就在所难免了。而芳芳呢，也委屈得不得了，自己学习挺努力的，可成绩就是上不去，后来索性就不积极了，她说："我学习是为我妈妈学的，每当我看到妈妈为我的学习着急生气，我的心里就很难受，越难受我就越学不好，后来，我就不想学了。"

每个孩子出生时都是一张白纸，孩子成长过程中出现的问题往往都是妈妈问题的反映。妈妈不厌其烦地说教、对成绩的无限强调、对学习动机的重复，等等，都会给孩子造成极大压力，从而使他们对学习产生厌恶情绪。据教育专家研究发现，孩子的厌学情绪百分之九十是由于家庭或学校强制教育造成的。

可以说，孩子厌学，就是对学业高压的一种无声抵抗。因此，想让孩子爱上学习，妈妈首先应该认识到自身的问题并积极地加以调整。

家长必须认识到，孩子只有把学习当成一件快乐的事情，他们才能学得更好、更起劲。因此，我们在指导孩子学习时应注意：

第一，要让孩子体验到成功的快乐。

孩子很在意别人对自己的评价，在他们思想还不成熟的时候，他们按照别人的评价去认知自己，一个在学习上总是遭受挫折的孩子，他体验不到成功的快乐，他也就不愿意去努力学习了，所以让孩子爱上学习，我们应该从让他体验到成功的快乐开始。比如：如果孩子总是不能完成作业，妈妈最好让他先做几道相对容易的习题，让他能轻易完成。这样，孩子会从中获得成就感，他也就愿意努力学习了，然后，我们再逐步调整习题的难度。

第二，发挥榜样效应，给孩子营造有利于学习兴趣培养的外部环境。

肥沃的土壤才能长出好庄稼，良好的学习环境对培养孩子的学习兴趣至关重要。妈妈是孩子的第一任老师，身教胜于言传。如果妈妈要求孩子努力学习，自己却通宵达旦地玩计算机、打麻将，那么，孩子感兴趣的恐怕就不是学习，而是如何打好游戏，玩好麻将了。反之，如果妈妈饭后能捧起一本好书，端坐在书桌前，静心品读、沉思，那么潜移默化的影响下，孩子也会自动地拿起书本。

第三，激发孩子的自我向上意识。

有没有问过自己这样一个问题：孩子学习的内驱力是什么呢？如今的他们思想还不够成熟，所谓的理想、远大目标或许都还太过遥远，想让他们学习更努力，聪明的妈妈就要利用好他们渴望受到认可的那股子好胜心。因此，满足孩子的好胜心是他们乐于漫游学海急需的螺旋桨。有位妈妈曾分享过自己的经验，每当孩子在学习上有一点儿进步的时候，她便会及时地夸奖孩子，并告诉孩子："老师说，你很聪明，只要再努力一点儿，就能成为优等生。"孩子听了这些话以后，果然越发喜欢学习了，也更加自信和活泼，厌学问题自然迎刃而解了。

第四，愉快地对待孩子的学习问题。

妈妈的心情，直接影响孩子学习的情绪。妈妈操之过急，在孩子的学习问题上表现得无比焦虑，孩子必然压力增大，然而就孩子的身心发展特点来说，他们承受压力的能力显然不够强大，重压之下极易走向反面，很多时候，厌学就是这样产生的。相反，如果妈妈在帮助孩子学习时，能够以愉快的心情对待。这种情绪会让孩子觉得，学习本身就是一件愉快的事情。

所以家长们都试着去改一改教育方式吧，不要总是"催、催、催""骂、骂、骂""逼、逼、逼"。想象一下，孩子在学习上已经有了压力，我们还在那儿唠唠叨叨，不断指责，孩子心里憋的那股劲就别提了，轻则无声抗拒，厌弃学习；重则越发叛逆，亲子关系破裂。

其实，只要我们把"让孩子喜欢学习"的"让"字去掉，变成"孩子自己喜欢学习"，再来看这个问题，或许就豁然开朗了。对于孩子来说，让他们舒心学习远强于给他们压力。

和孩子一起对时间做计划

　　曾经看过这样一本书，书名为《谁偷走了你的时间》，里面进行了详细的论述，很多人总是在不知不觉中错过了大好的光阴，尽管他也很努力，但是效率低下，过了十年还是那个样子。但有些人却给自己的每一天做起了计划，将生命中的每一分每一秒都加以利用，最后有相当惊人的成就，外人不知晓他是如何在这么短的时间内完成的。

　　时间管理是一门艺术，而时间计划是时间管理中一个不可忽略的步骤，明白人总是能提前为自己制订好最有效的时间计划表，将所要做的事情排列其中，设立阶段性目标，力求将每一个环节做到完美。所以我们会看到有的人在行动中非常有目标性，而且做起事情来游刃有余，好像很轻松的样子，因为他们早已经在自己的大脑中将其演练了无数次，为的只是在真实世界的实践中，将其又快又好地完成。

回顾自己的成长历程，恐怕很多妈妈心里多多少少会有一些惭愧，后悔当时的我们没有很好地利用手里的时间，总觉得时间还有的是，别人都是这么过的，为什么自己不可以？于是在对自己放松要求的同时，没有制订完美的时间管理计划，以至于到成年以后才发现，自己与一些成功的同龄人，已经产生了相当大的差距。假如有"时光隧道"，让自己回到小时候，那我们一定会努力去做一些我们想做却没有坚持、没有做成的事，不给自己留下遗憾。

回头看看自己的孩子，他的人生才刚刚开始，我们应该意识到，膝下的孩子绝对不能再走自己的老路，为了他能有一个美好的未来，一定要提早对他们进行有效的管理时间观念的教育，落实在他们的行动中。为此，作为妈妈，我们真的应该和孩子坐下来好好聊聊关于时间的话题，我们可以开诚布公地将自己童年的错误案例摆在孩子面前，以此来说明时间对于一个人是多么重要。我们可以把成功人士的时间计划表下载下来给孩子看，告诉他那些人是怎么走向成功的。当他明白时间在自己人生历程中的重要意义时，就可以积极地鼓励他做出时间自我管理的第一步，有效地制订时间管理计划。

兰兰是一个非常可爱的小姑娘，平时给人的感觉就像动画片里的懒羊羊，遇到事情总是向后拖，拖不动了就向妈妈耍赖。她在学校是个贪玩的小家伙，回家后总是看完动画片才磨磨叽叽地动手写作业。面对女儿拖拖拉拉的坏毛病，妈妈决定找机会和兰兰好好谈谈。

一天，兰兰回家刚要打开电视机，就被妈妈叫住了。

"兰兰，妈妈想问你一个问题，长大以后你想做什么？"

"我想做动画片制片人，这样我就可以每天看动画片了。"

"那你知道你现在到动画片制作人之间，还有多少时间可以利用吗？"

"什么意思？"

"兰兰，上次妈妈给你讲了一个拿破仑的故事，拿破仑上学的时候，就把自己想象成一个将军，他在笔记中把自己的战略虚拟性地进行了很多次，并制订了自己相当完备的成长计划，最终他成功了。而你有没有为了你的这些梦想制订自己的计划呢？"

"计划？没有，很多小朋友都没有。"

"正因为很多小朋友还没有意识到，所以你才要提前做出准备啊！一切都是需要有计划的，你没有计划，对时间没有管理，每天拖拖拉拉，时间就在不知不觉中流走了，最终想做的事情没有做，自己到了一定年龄再去抓紧时间实现梦想时，要么是来不及，要么是要付出更大的代价。而你现在正处在人生的初级阶段，一切做起来都还很容易，为什么不抓紧时间为自己计划呢？"

听了妈妈的话，兰兰点了点头，于是妈妈拿出了一个漂亮的小本子对兰兰说："兰兰，这是妈妈送给你的，每天把自己要做的事列一个计划，并将计划中的每一件事又快又漂亮地完成，日积月累你就会有惊人的变化。同时，我们不仅要在细节上努力，还要树立自己人生的终极目标，那就是高规格的理想，看看自己应该怎样做，才能天天朝这个方向快速前进。这是一件多么激动人心的事情啊，只要兰兰不断努力，一定可以成功。"

听了妈妈的话，兰兰的眼睛亮了起来，之后的生活再也不拖拖拉拉，每天都会把自己的计划写在本子上，她告诉妈妈："我一定能当上动画片制片人。"

看了上面这个例子，作为妈妈的你是不是也琢磨着到商店为家中的宝贝孩子选一个漂亮的时间管理计划本了呢？其实时下，很多小孩子早就已经行动起来，他们会在每一天记录下自己努力的心得和感想，并对自己下一天所要做的一切做出完备的计划，并亲切地称手里的这个可爱的本本为"手账"。时间一长，手里的本本记了一本又一本，到自己收获阶段性胜利时，再重新翻开它，每一页里都是曾经努力奋斗的印记，那种感觉真是好极了。

所以，妈妈们还等什么，每天节省出半个小时，和孩子坐下来好好探讨一下明天的时间管理计划吧！将每一天的开始设计得有条有理，将每一天的回顾写得异彩纷呈，生活就应该在这样美好而积极的状态下进行。一切都从一个完备的时间计划册开始。那么，如果真准备好了，就从现在开始，和孩子马上行动吧！

良好的专注力，才能保证学习效率

当孩子将专注变成一种习惯时，他就能从中学到更多的知识，积累更多的经验，就能从中挖掘到乐趣和价值。或许，这种习惯有时不能取得立竿见影的效果，但可以肯定的是，当"不专注"成为孩子的一种习惯时，他是绝无可能出类拔萃的。

有个小孩子，非常聪明，可是做什么事都不专注，在学习上也是如此。上课时，他本来在好好地听课，可是当听到鸟儿的鸣叫时，他便扭头望向窗外。自习课做作业，他总是走神，时不时地想着下课去和大家跳皮筋……

放学回家后，拿出作业本，保持不上 10 分钟的专注度，他就开始活动了，一会儿去拿个苹果，一会儿摆弄一下玩具，还不时地逗逗一旁的弟弟……由于他无法保持学习的专注度，从小学到初中，成绩一直不尽如人意，想要进入一流学府，恐怕是天方夜谭了。妈妈为此操透了心。

孩子毕竟是孩子，受身心发展水平所限，他们不能将注意力长时间集中在一件事物上，也许他们也想认真听讲、专心学习，却常常不由自主地被外部事物吸引，一不小心思想就开了小差，从一件事物转移到另一件事物上。若是孩子养成这种习惯，对他的学习和未来都将有很大的影响。

有本《成功学》中讲了这样一个故事：

有个孩子从小做事就缺乏专注度，他总是不能自始至终做好一件事，然而他的妈妈觉得这是因为孩子还小，所以并未加以重视，听之任之。

这个孩子长大以后就养成了目标分散、半途而废的习惯。他曾一心想学习法语，但他了解到，想要完全掌握法语，就要懂一点儿古法语，而要通晓古法语，又必须学习拉丁语。接着他又发现，如果没有希腊文做辅助，是不可能学好拉丁语的……他就这样一而再、再而三地转移目标，想要学会法语，真不知道要等到何年何月了。

他家世代经商，家资颇厚，他的妈妈离世早，给他留下了一笔不菲的财产。他从中拿出 20 万美元创办煤气厂，但没过多久，他认为煤炭价格一路上涨，比煤气厂更有利可图，于是以 16 万美元将煤气厂卖掉，转而投资煤矿。这时他又发现，煤矿开采设备需求巨大，似乎是个不错的生意，于是他又将煤矿转让，投身机器制造业……就这样，他在各个行业里滑进滑出，直到 50 多岁依然没把一件事情做好，而祖辈父辈积累下来的那些家资，已经被他用得所剩不多，恐怕他的晚年会相当凄凉。

事实上，孩子的行为习惯，很大程度上取决于家长的态度和教育，孩子不良行为习惯的养成，往往都是家长纵容和忽视的结果。然而，当老师反映我们的孩子上课不注意听讲、思想爱开小差、眼神茫然四顾的时候，很多妈妈往往是心急如焚却又无可奈何。心急的是，如此下去必然影响孩子的学习成绩；无奈的是，自己又不能去课堂上看着他。其实，我们在家里也可以帮孩子养成上课专心听讲的好习惯，我们只需要这样做：

第一，对年幼孩子的注意能力不能要求过高。

在家里，我们一方面教给孩子一些集中精神的方法，一方面对孩子多一些关注，通过适时地提醒帮孩子维持注意力。同时，当孩子表现良好的时候，不要忘了及时给予恰当的表扬，以强化他的适宜行为。

第二，不要操之过急，耐心地和孩子做一些有益于注意力训练的活动。

比如，玩扑克游戏。取三张不同的扑克牌（不要花牌），依次是黑桃、梅花、方块。选取一张牌，如黑桃5，让他盯住这张牌，然后将三张牌牌面朝下扣在桌子上，快速交叉移动三张牌的位置，让孩子说出黑桃5的位置在哪儿，两人轮换掌牌，分胜负。这种方法能够锻炼孩子的注意力集中能力和快速反应能力，又因为是游戏，符合孩子的心理特点，孩子也有耐心玩。如果我们每天都能放下手中的琐事，耐心陪孩子玩一会儿，他的注意力就一定能有显著提高。

第三，别给孩子贴上"不专注"的标签。

孩子有克服不良习惯的信心，才能改正不良习惯。自信往往通过被肯定、被鼓励获得，所以家长应多一些正面暗示，尽量不要给予负面暗示。比如，有些妈妈经常在亲友面前说"我家女儿上课总溜号""我家姑娘就是专心不起来"。这会让孩子对自己产生消极的心理暗示——"我就是个无法专注的孩子"，非常不利于他专注能力的培养。

第四，给予孩子一个安静舒心的环境。

如果有条件的话，最好给孩子独立的生活和学习空间，从小培养孩子整理房间的能力，锻炼他生活和学习的规律性。妈妈尽量不要邀人来家里打牌，不要经常性地在家里组织聚会活动，尽量减少计算机、电视对孩子的干扰，也不要在孩子学习时一会儿给他送杯水，一会儿给他拿个水果……这样只会分散孩子的注意力，孩子根本无法把注意力集中到学习上，久而久之，就会形成不良习惯。

第五，教会孩子做静心训练，培养抗干扰能力。

（1）呼吸静心法。让孩子放松身心，闭上眼睛，先深深地吸气，吸足气，然后慢慢吐气，尽量缓缓地吐尽气。每天反复进行10次。

（2）音乐静心法。给孩子播放舒缓、轻松的音乐，听音乐时引导孩子随着音乐轻轻摇动身体，让自己的身心与音乐融为一体，这样做，能够很好地平复孩子浮躁的心绪。

（3）想象静心法。引导孩子进行想象，想象自己正置身于一个宁静惬意的环境中：蓝蓝的天空，风和日丽；青青的草地，蝴蝶飞舞。我正倚靠在开满槐花的树下，轻轻地闭着眼睛，深嗅着花儿的芬芳……诸如此类的想象，自然而然会使孩子躁动的心情平静下来。

第六，制定合理的作息制度。

孩子不能专注的原因之一，就是疲劳。疲劳会让人精神恍惚，无法将精力集中在眼前的事务上。所以，为孩子制定合理的作息制度，并引导他认真执行，保证孩子得到充分的休息和睡眠，是保证他在课堂上集中精力听讲的先决条件。

一个人的目标若总是变来变去，他就不得不在各个目标之间疲于奔命，这种行为只会空耗财力与物力，空耗时间与人生。这个社会上，有很多孩子想要有一番作为，但只有少数人能够把专注度集中在清晰的目标上，并为之不懈奋斗。结果，多数人也只是曾经有过这样的一个想法而已。所以培养孩子养成专注的习惯，是每个妈妈不可懈怠的责任。